사례중심 SELF

지급명령신청서·이의신청서

작 성

장태동 지음

도서출판 남산

머 리 말

우리가 흔히 접하게 되는 간단한 민사분쟁 사건에 있어서 지급명령은 참으로 편리한 제도이며, 일반인도 쉽게 접근할 수 있는 분야입니다. 그러나 편리해진 지급명령 신청을 혼자의 힘으로 하지 못한다면 참으로 불필요한 비용과 시간을 낭비하게 됩니다.

저자는 법무사로서 일하면서 일반인들이 흔히 접하게 되는 간단한 사안의 지급명령신청조차도 스스로 하는데 부담스러워 한다는 사실을 알게 되었습니다. 본인이 경험한 사건의 구체적이고 상세한 내용은 자기 자신이 가장 잘 알고 있는 것입니다. 때문에 일반적인 지급명령신청서는 사건을 직접경험한 자신이 직접 작성할 줄 알아야 잘 된 신청서를 작성할 수 있고, 그 신청의 가부 역시 스스로 판단해 볼 수 있는 것입니다.

이 책은 일반인들이 흔히 접하게 되는 다양한 민사실무사례를 중심으로 서술하였습니다. 또한 일반인들이 자신이 경험한 사안을 지급명령신청으로 연결하는데 어려움이 없도록 한다는 목적으로 기술하였습니다. 때문에 이 책에 수록한 다양한 사례들을 독자 분들께서 부담 없이 읽어보시면 지급명령과 관련된 서류들을 스스로 작성 하실 수 있을 것으로 믿습니다.

부디 졸저가 독자 분들께 약간의 도움이라도 되어, 아까운 시간과 비용을 절감할 수 있다면 저자로서 크게 감사할 것입니다.

2020. 11.

법무사 **장태동**

C/o/n/t/e/n/t/s

PART Ⅰ. 지급명령 이론 ··· 1

Ⅰ. 지급명령 ·· 3
1. 지급명령이란 ··· 3
2. 지급명령의 요건 ·· 3
3. 지급명령의 관할·인지액송달료 ························ 4
4. 지급명령의 효력 ·· 4

Ⅱ. 지급명령신청서 작성 ·· 5
1. 표지 ·· 5
2. 지급명령신청서 기재 내용 ······························ 6

Ⅲ. 지급명령신청서 접수 ······································ 10
1. 신청서 간인 ·· 10
2. 인지대 및 송달료 납부 ·································· 10
3. 신청서 편철 ·· 10
4. 신청서 접수하기 ·· 10
5. 지급명령신청의 각하 ······································ 11

Ⅳ. 지급명령의 절차 ·· 12
1. 채권자의 신청 ··· 12
2. 법원의 서류검토 ·· 12
3. 지급명령결정 및 채무자에게 송달 ·················· 12
4. 채무자의 이의신청 ·· 13
5. 지급명령결정 확정 및 채권자에게 송달 ·········· 13
6. 소제기신청 ·· 13
7. 본안소송절차 ·· 13

Ⅴ. 지급명령의 강제집행 ······································ 14

Contents

PART II. 지급명령신청 사례 ······················· 17

- 사례1. 대여금Ⅰ (이자약정 없는 경우) ··················· 19
- 사례2. 대여금Ⅱ (이자약정 있는 경우) ··················· 22
- 사례3. 대여금Ⅲ (일상가사대리) ························ 27
- 사례4. 대여금Ⅳ (채무자 사망) ·························· 31
- 사례5. 대여금Ⅴ (채권자 사망) ·························· 35
- 사례6. 대여금Ⅵ (채무자와 연대보증인) ················· 39
- 사례7. 매매대금Ⅰ (전부) ······························· 43
- 사례8. 매매대금Ⅱ (일부) ······························· 47
- 사례9. 매매대금Ⅲ (부동산 잔대금) ····················· 51
- 사례10. 매매대금Ⅳ (부동산 계약금 반환) ················ 55
- 사례11. 임대차보증금Ⅰ (전부) ·························· 59
- 사례12. 임대차보증금Ⅱ (일부) ·························· 63
- 사례13. 임대료 ·· 67
- 사례14. 전세금 ·· 71
- 사례15. 관리비Ⅰ (원룸) ································· 75
- 사례16. 관리비Ⅱ (상가점포) ····························· 79
- 사례17. 급료 ·· 83
- 사례18. 노임 ·· 87
- 사례19. 퇴직금 ·· 91
- 사례20. 임금 및 퇴직금 ·································· 97
- 사례21. 차입금 ··· 101
- 사례22. 공사대금 ······································· 105
- 사례23. 설계비 ··· 109
- 사례24. 추가공사대금 ·································· 113
- 사례25. 계약금 ··· 117
- 사례26. 위약금Ⅰ ······································· 121
- 사례27. 위약금Ⅱ ······································· 125

Contents

사례28.	약속어음Ⅰ (발행인)	129
사례29.	약속어음Ⅱ (발행인 및 배서인)	133
사례30.	약속어음Ⅲ (배서인)	139
사례31.	수표금Ⅰ (당좌수표)	145
사례32.	수표금Ⅱ (가계수표)	149
사례33.	보증채무금 (연대보증인)	155
사례34.	구상금Ⅰ (보증인)	159
사례35.	구상금Ⅱ (공동불법행위)	163
사례36.	지료	167
사례37.	추심금	171
사례38.	양수금	175
사례39.	인수금	179
사례40.	회원가입비반환Ⅰ (헬쓰장)	183
사례41.	회원가입비반환Ⅱ (골프장)	187
사례42.	계불입금	191
사례43.	계금반환	195
사례44.	보관금	199
사례45.	권리금Ⅰ (바닥권리금)	203
사례46.	권리금Ⅱ (경업금지의무위반)	207
사례47.	부당이득금Ⅰ (송금오류)	211
사례48.	부당이득금Ⅱ (이중변제)	215
사례49.	계약금반환	219
사례50.	중개수수료	223
사례51.	손해배상Ⅰ (사기)	227
사례52.	손해배상Ⅱ (불륜행위)	231
사례53.	손해배상Ⅲ (모욕)	235
사례54.	손해배상Ⅳ (명예훼손)	239
사례55.	손해배상Ⅴ (상가점포권리금)	243

사례56. 판결시효중단(연장) Ⅰ ································ 247
사례57. 판결시기효중단(연장) Ⅱ ································ 251

부록1. 지급명령신청서 표지 양식 ································ 255
부록2. 지급명령신청서 양식 ································ 256
부록3. 당사자표시 양식 ································ 258
부록4. 보정명령 양식 ································ 260
부록5. 보정서 양식 ································ 262
부록6. 소송절차회부결정 및 보정명령 양식 ································ 263
부록7. 이의신청통지서 양식 ································ 265
부록8. 지급명령 양식 ································ 267

PART Ⅲ. 지급명령에 대한 이의신청 ································ 269

Ⅰ. 지급명령에 대한 이의신청 ································ 271
1. 지급명령에 대한 이의신청의 의의 ································ 271
2. 지급명령에 대한 이의신청의 요건 ································ 271
3. 지급명령에 대한 이의신청서 작성 및 제출요령 ································ 272
4. 지급명령에 대한 이의신청의 효과 ································ 272

Ⅱ. 지급명령에 대한 이의신청서 작성 ································ 273
1. 표제 ································ 273
2. 사건의 표시 ································ 273
3. 당사자의 표시 ································ 273
4. 이의신청의 내용 ································ 273
5. 연월일 ································ 273
6. 기명, 날인 ································ 274
7. 관할법원 ································ 274
8. 답변서 ································ 274

Ⅲ. 지급명령에 대한 이의신청서 접수 ··· 275
　　1. 이의신청서의 간인 ··· 275
　　2. 이의신청서의 편철 ··· 275
　　4. 이의신청서의 각하 ··· 275

Ⅳ. 지급명령에 대한 이의신청서 접수 후의 절차 ································ 276

PART Ⅳ. 지급명령에 대한 이의신청 사례 ················ 277

　사례1.　채무변제의 항변 ·· 279
　사례2.　채무면제의 항변 ·· 281
　사례3.　상계의 항변 ··· 284
　사례4.　일반채권의 소멸시효 완성 ·· 286
　사례5.　이자채권의 소멸시효 완성 ·· 288
　사례6.　손해배상의 소멸시효 완성 ·· 290
　사례7.　음식대금의 단기소멸시효 완성 ·· 292
　사례8.　위조된 어음 ··· 294
　사례9.　어음금 제소권의 시효소멸 ·· 296
　사례10.　하자담보책임에 의한 계약해제 ·· 298
　사례11.　상사채권의 소멸시효 완성 ··· 300
　사례12.　증약적 계약금 ·· 302
　사례13.　임대인의 보수책임 ·· 304
　사례14.　상속포기 ··· 306
　사례15.　파산 및 면책 ·· 308
　사례16.　불제소합의 항변 ··· 310
　사례17.　통정허위표시 ··· 312
　사례18.　미성년자의 법률행위 ··· 314
　사례19.　1인의 대표이사 발행 어음금 ··· 316

C/o/n/t/e/n/t/s

사례20. 채무자의 승낙 및 통지 없음 ·············· 318
사례21. 중복제소 ·············· 320
사례22. 당사자적격 흠결 ·············· 322
사례23. 표현대리인에 대한 변제 ·············· 324

부록1. 지급명령에 대한 이의신청 답변서 표지 양식 ·············· 326
부록2. 지급명령에 대한 이의신청 답변서 양식 ·············· 327
부록3. 지급명령에 대한 이의신청의 답변서 표지 양식 ·············· 328
부록4. 지급명령에 대한 이의신청서의 답변서 양식 ·············· 329

PART I

지급명령 이론

I. 지급명령

1. 지급명령이란

(1) 지급명령이란 금전, 그 밖의 대체물이나 유가증권의 일정한 수량의 지급을 목적으로 하는 분쟁을 간이·신속하게 해결하기 위한 소송절차로서, 채권자의 신청으로 법원에서 서면심리를 거쳐 채무자에게 지급을 명하는 결정(지급명령)에 대하여 채무자가 일정기간 내에 이의를 신청하지 아니하면 그 결정에 확정력과 집행력을 부여하는 분쟁해결의 약식 절차를 말한다.

(2) 분쟁의 당사자인 채무자가 채무의 존부에 대하여 다투지 않을 것으로 예상되는 사건에 대하여 채권자가 간단한 절차와 저렴한 비용으로 비교적 신속한 기간 내에 집행권원을 얻을 수 있게 한다는 데에 지급명령의 존재의의가 있다.

(3) 일반적으로 채무자가 대여금, 물품대금, 임대료, 공사대금. 임금 등 금전의 지급을 하지 않는 경우에 채권자가 지급명령을 신청하는 경우가 실무상 대부분이다.

2. 지급명령의 요건

(1) 금전, 그 밖의 대체물이나 유가증권의 일정한 수량의 지급을 목적으로 하는 청구에만 가능하다(민사소송법 제462조 본문).

(2) 대한민국에서 공시송달 외의 방법으로 송달할 수 있는 경우에 한한다(민사소송법 제462조 단서). 즉 채무자가 외국에 있거나 소재 혹은 주소가 파악되지 않는 경우에는 지급명령의 대상이 되지 아니한다.

(3) 신청가액(청구가액)은 액수를 불문하므로 액수의 다과는 지급명령의 요건이

되지 않고 공법상의 청구의 경우에도 지급명령신청이 가능하다.

(4) 다만, 조건부 신청(청구)나 기한부 신청(청구)는 불가능하다.

3. 지급명령의 관할 · 인지액 · 송달료

(1) 지급명령은 채무자의 보통재판적이 있는 곳의 지방법원이나 민사소송법 제7조 내지 제9조, 제12조 혹은 제18조의 규정에 의한 관할법원의 전속관할로 한다.

(2) 지급명령을 신청하는 경우에 민사소송등인지법 제7조 2,4항에 의한 소가의 10분의 1에 해당하는 금액에 대한 인지액을 납부한다.

(3) 송달료는 당사자 1인당 6회분의 금액을 납부한다(송달료의 변동이 있을 수 있으므로 지급명령을 신청 할 때의 송달료를 확인하여야 한다).

4. 지급명령의 효력

(1) 지급명령에 대하여 이의신청이 없거나, 이의신청을 취하하거나, 이의신청의 각하결정이 확정되는 경우에는 지급명령이 확정판결과 같은 효력이 있다(민사소송법 제474조).

(2) 때문에 채권자는 확정된 지급명령으로 채무자의 재산에 대하여 강제집행을 실시할 수 있다.

(3) 채권자는 지급명령의 신청으로 소멸시효를 중단시킬 수 있고, 지급명령이 확정된 경우에는 확정된 때로부터 10년의 소멸시효가 다시 진행된다. 한편 지급명령신청이 각하된 경우에도 각하된 날로부터 6개월 이내에 다시 소를 제기하거나 가압류, 가처분 등을 하면 처음 지급명령을 신청한 때부터 소멸시효가 중단된다.

(4) 지급명령은 집행력은 있으나 기판력은 없다.

Ⅱ 지급명령신청서 작성

1. 표지

지급명령신청서의 표지는 일반적으로 이 책 부록1. 지급명령신청서 표지 양식을 사용하는데 그 기재는 아래와 같이 한다(부록1. 참고).

① 사건명을 기재한다. 즉 "대여금 청구 지급명령", "물품대금 청구 지급명령", "퇴직금 청구 지급명령" 등 신청 사건의 사건명을 기재한다.

② 채권자 란에는 지급명령을 신청하는 채권자(신청인)의 이름을 기재한다. 단, 채권자가 법인이거나 단체인 경우에는 법인명이나 단체명을 기재한다.

③ 채무자 란에는 지급명령의 상대방인 채무자의 이름을 기재한다. 단 채무자가 법인이거나 단체인 경우에는 법인명이나 단체명을 기재한다.

④ 소가 란에는 신청인이 지급을 구하는 청구금액(소가)을 아라비아 숫자로 기재한다. 단, 이자는 포함하지 아니한다.

⑤ 위 소가에 따라 첨부할 인지액이 달라지므로 계산하여 정확한 인지액을 기재한다.

⑥ 실제로 납부한 인지액(소장에 붙여야 할 인지의 1/10 액수에 해당하는 인지액)을 기재한다. 대부분 위 ⑤의 금액과 일치할 것이다(은행이나 우체국 등에 인지액을 납부하고 법원제출용 영수증을 표지 뒷면에 첨부하는 것이 일반적이다). 인지액은 ㉠ 청구금액 1,000만 원 미만 : 청구금액 × 5/10,000 ㉡ 청구금액 1,000만 원 이상 ~ 1억 원 미만 : 청구금액 × 4.5/10,000 + 500원 ㉢ 청구금액 1억 원 이상 ~ 10억 원 미만 : 청구금액 × 4/10,000 + 5,500원 ㉣ 청구금액 10억 원 이상 : 청구금액 × 3.5/10,000 + 55,500원.

⑦ 송달료는 당사자의 수에 따라서 결정되므로 정확히 계산한 금액을 기재하고 역시 위와 같이 은행이나 우체국 등에 납부하고 법원제출용 영수증을 표지 뒷면에 첨부하는 것이 일반적이다(1인당 송달료가 변동이 있을 수 있으므로 꼭 확인하고 계산한다). 송달료는 "당사자 수 × 1인당 송달료 × 10회분".

⑧ 관할법원을 기재한다(시군법원이 있는 곳이 있으므로 관할을 꼭 확인하고 기재한다).

2. 지급명령신청서 기재 내용(부록2. 지급명령신청서 참조)

(1) 표제 :

지급명령신청서 표제에는 "지급명령신청"이라고 기재한다.

(2) 채권자와 채무자 :

채권자와 채무자의 이름(법인이나 단체의 경우 법인명이나 단체명과 대표 등을 표시)을 기재하고, 이름 옆에 괄호 표시를 하고 그 안에 주민등록번호(법인등록번호 등)을 기재하고, 줄을 바꾸어 주소와 우편번호를 적은 후, 줄을 바꾸어 연락처(핸드폰번호)도 기재한다. 그리고 채권자나 채무자의 주소 외의 송달장소가 따로 있는 경우에는 그 송달장소도 기재한다.

(3) 사건명 :

사건명은 지급명령신청의 성격을 특정지어 주는 것으로 "대여금 청구 지급명령", "물품대금 청구 지급명령" 등으로 그 신청의 내용에 따라 적절한 사건명을 기재한다.

(4) 신청취지(청구취지) :

- 신청취지에는 채권자가 어떠한 재판을 구하는 것인가를 표시하는 부분으로 핵심 내용 혹은 결론을 기재하되, 그 신청의 형태와 범위를 명백히 하고 확정할 수 있도록 특정하여야 한다. 구체적인 기재 요령은 아래의 여러 사례와 같다.
- 청구금액과 이자 및 지연손해금 기재 요령
    - ㉠ 변제기의 약정이 없는 경우, 지연손해금에 대한 약정이 없는 경우 :
    "채무자는 채권자에게 금 00,000,000원 및 이에 대한 이 건 지급명령정본 송달 다음날부터 완제일까지 연 12%의 비율에 의한 금원 및 아래 독촉절차비용을 지급하라.
    라는 지급명령을 구합니다."
    - ㉡ 변제기(2019. 12. 31., 2020. 1. 1.부터 이행지체)는 있으나 지연손해금의 약정이 없는 경우 :
    "채무자는 채권자에게 금 00,000,000원 및 이에 대한 2020. 1. 1.부터 완제일까지 연 12%의 비율에 의한 금원 및 아래 독촉절차비용을 지급하라.
    라는 지급명령을 구합니다."
    - ㉢ 변제기(2019. 12. 31., 2020. 1. 1.부터 이행지체) 및 지연손해금(예 : 연 20%)의 약정이 있는 경우 :
    "채무자는 채권자에게 금 00,000,000원 및 이에 대한 2020. 1. 1.부터 완제일까지 연 20%의 비율에 의한 금원 및 아래 독촉절차비용을 지급하라.
    라는 지급명령을 구합니다."
- 지연손해금은 민법에서 정한 연 5%와 소송촉진등에관한특례법에서 정한 연 12%의 비율에 의한 지연손해금이 있다. 그런데 소송촉진등에관한특례법상의 지연손해금의 비율은 변동되는 경우가 있으므로 지급명령 신청 당시의 그 비율을 확인하여야 한다.

(5) 독촉절차비용 :

지급명령신청을 위하여 지급한 인지대와 송달료의 합계금액과 각 금액을 기재한다. 그리고 서기료의 지급이 있는 경우에는 그 금액도 기재하고, 합계금액에 포함한다.

(6) 신청원인(청구원인) :

- 채권자가 주장하는 심판의 대상인 소송물의 권리를 특정함에 필요한 구체적인 사실관계를 서술한다. 즉, 지급명령신청은 신청취지만으로는 특정되는 것이 아니고, 구체적인 신청원인에 의하여 특정되는 것이므로 채권자는 신청원인을 명확히 할 필요가 있다.
- 실무상 신청원인을 3 ~ 4항 정도로 구분하여, "1. 당사자의 지위", "2. 권리의 발생", "3. 채무불이행", 4.결론" 등의 타이틀을 붙이고 작성하기도 하나, 이는 반드시 따라야 하는 것은 아니므로 위 항 정도로 구분하여 타이틀 없이 위와 같은 내용을 서술하여 기재하는 것도 무방하다.

(7) 첨부서류 :

- 지급명령신청서에 첨부하는 서류(예 : 차용증)를 차용증이라 기재하고 그 부수(예 : 1부)를 표시한다. 채권자나 채무자가 혹은 모두 법인이나 단체인 경우 법인등기부등본 등의 서류를 첨부하고 역시 그 부수를 기재한다.
- 첨부서류도 신청서와 같이 간인을 한다. 첨부서류는 반드시 원본을 첨부하여야 하는 것은 아니므로 사본을 제출하여도 된다. 다만 사본을 제출하는 경우 "원본과 상위 없음"이라는 기재를 하고 기명날인하는 것이 좋다.
- 인지대와 송달료를 납부하고 교부받은 영수필 확인서나 영수필 통지서를 표지 뒷면에 첨부하지 아니한 경우에는 첨부서류로 첨부하여도 된다.

(8) 작성연월일 :

지급명령신청서를 법원에 접수하는 날을 작성일로 기재한다.

(9) 작성자의 기명과 날인 :

작성자(채권자)의 이름을 기재하고 날인을 한다.

(10) 법원(관할법원)의 표시 :

- 지급명령신청서를 제출하는 관할법원을 기재한다
- 지급명령신청서는 그 청구금액에 관계없이 채무자의 보통재판적, 근무지, 사무소, 영업소, 거소지를 관할하는 법원에 제출한다.
- 또한 민사소송법 제8조에 따른 의무이행지 법원이 관할법원에 추가되므로 의무이행지, 어음 혹은 수표의 지급지, 불법행위지를 관할하는 지방법원·지방법원의 지원·시 혹은 군법원에 지급명령신청서를 제출할 수 있다.
- 위와 같은 전속관할법원이 아닌 법원에 지급명령신청서를 제출하는 경우에는 이송되지 않고 각하되므로 관할법원에 각별히 주의를 하여야 한다.

(11) 당사자표시 :

- 지급명령신청서 뒤에 당사자표시라는 제목의 당사자표시서를 첨부하여 제출하는데 그 내용은 지급명령신청서의 내용과 동일하지만 위 (7)항 이하의 내용은 기재하지 않는다.
- 이 책 "부록3. 당사자표시"와 같이 기재된 당사자표시는 당사자 수에 2을 더한 부수를 제출합니다. 당사자표시서는 지급명령신청 이후 그 결정문이 나올 때 결정문 뒤에 첨부되는 것이 일반적이나 "당사자표시"가 아닌 "지급명령신청서"가 결정문 뒤에 첨부되는 경우도 있다.

Ⅲ. 지급명령신청서 접수

1. 신청서 간인 :

지급명령신청서 표지와 신청서 그리고 당사자표시서의 작성이 완료되면 신청서 맨 뒤에 작성자의 기명과 날인을 하고, 신청서에 간인을 하여야 한다.

2. 인지대 및 송달료 납부 :

위에서 설명한 바와 같이 인지대 및 송달료를 납부하고 법원제출용 영수증을 표지 뒷면 혹은 첨부서류로 첨부한다.

3. 신청서 편철 :

지급명령신청서는 맨 앞에 표지, 지급명령신청서, 첨부서류, 당사자표시서 순서로 편철한다. 이때 간인을 하지 않은 당사자표시서를 채무자수에 2를 더한 부수만큼 첨부하여 편철한다.

4. 신청서 접수하기 :

위와 같이 편철한 지급명령신청서를 등기우편으로, 혹은 직접 법원에 찾아가 접수할 수 있다(전자신청 및 접수도 가능하다).

5. 지급명령신청의 각하 :

- 지급명령신청이 위 관할법원에 위반된 경우에는 각하처리 된다.
- 지급명령신청이 그 취지로 보아 청구에 정당한 이유가 없는 것이 명백한 경우 각하처리 된다.
- 지급명령신청 내용의 일부에 대하여 지급명령을 발할 수 없는 경우에는 그 일부에 대하여만 각하처리 된다.
- 지급명령신청이 각하처리 되는 경우에 그 불복을 할 수는 없다. 하지만 채권자는 각하 사유를 보완하여 다시 지급명령을 신청하거나, 소를 제기할 수 있다.

1. 채권자의 신청 :

위와 같이 채권자는 지급명령신청서를 작성하여 등기우편이나 전자소송으로 접수하는 방법으로 신청할 수 있고, 법원을 직접 방문하여 신청할 수도 있다.

2. 법원의 서류검토 :

- 법원에서는 지급명령신청서 접수되면 신속하게 서면으로 심사하여 특별한 사정이 없으면 지급명령을 결정한다.
- 위와 같이 서면심사를 하는 과정에서 채권자가 보정할 사유가 있으면 보정명령을 발한다.
- 보정명령을 받은 채권자는 보정할 사항(예 : 송달료 추납 등)을 보정하고 보정서를 작성하고 영수증 등 첨부서류와 같이 철하여 법원에 제출한다.
- 법원에서 서면심사를 하는 경우에 채권자와 채무자를 심문하지 아니한다.
- 법원의 보정명령과 보정서 양식은 부록4,5를 참조한다.

3. 지급명령 및 채무자에게 송달 :

- 법원에서 지급명령이 발하여 지면, 법원에서는 그 결정서를 채무자에게 등기우편으로 송달한다.
- 위와 같이 우편을 송달 받은 채무자가 2주일 이내에 이의신청을 하지 아니하면 지급명령은 확정이 된다.
- 채무자에 대하여 우편송달이 불능한 경우(공시송달의 방법으로는 송달할 수

없다)에 법원에서는 소송절차회부결정과 인지 및 송달료 보정명령을 채권자에게 보낸다(부록6. 소송절차회부결정 및 보정명령 참조).

4. 채무자의 이의신청 :

- 위와 같이 우편송달을 받은 채무자가 2주 이내에 이의신청을 하면 지급명령신청은 정식재판의 절차로 넘어간다(부록7. 이의신청통지서 및 보정명령 참조).
- 채무자가 제출한 이의신청서는 법원에서 채권자에게 송달한다.

5. 지급명령결정 확정 및 채권자에게 송달 :

- 지급명령을 송달 받은 채무자가 2주 이내에 이의신청을 하지 않아 지급명령결정이 확정된 경우에 법원에서는 송달일자와 확정일자가 기재된 지급명령결정문을 채권자에게 송달한다(부록8. 지급명령결정문 참조).
- 이로써 채권자는 집행권원을 득하게 된다.

6. 소제기신청 :

- 채무자에게 지급명령이 송달불능 되어 법원으로부터 주소보정명령을 받은 채권자는 소제기신청을 할 수 있다(민사소송법 제466조 제1항)
- 채권자로부터 적법한 소제기신청이 있는 경우에는 지급명령을 신청한 때에 소가 제기된 것으로 본다(민사소송법 제472조 제1항)

7. 본안소송절차 :

지급명령이 소로 이행되는 경우에는 그 청구금액에 따라 소액사건·단독사건·합의사건으로 분류되어 일반소송절차에 따라 재판이 진행된다.

지급명령·이의신청서 작성

 지급명령의 강제집행

1. 법원의 지급명령결정을 송달받은 채무자가 2주 간의 이의제기 기간을 도과하여 지급명령이 확정되면, 채권자는 송달 및 확정 일자가 기재된 지급명령 결정문을 받는다. 이로써 채권자는 채무자의 재산에 강제집행을 실시할 수 있게 된다.

2. 부동산 강제경매 :

채무자가 소유하고 있는 주택이나 토지 등의 부동산이 있는 경우에 채권자는 채무자의 부동산에 강제경매를 신청할 수 있다. 채무자의 부동산에 감정가를 초과하는 근저당권 등의 설정된 권리가 있다던가, 임차인들이 너무 많아 임차보증금 반환금이 부동산의 감정가를 초과하는 등의 경우가 아니라면, 채권자는 채무자 소유의 부동산을 강제경매하여 채권을 회수할 수 있다.

3. 유체동산 압류 및 경매신청 :

채무자의 살림살이 등 동산에 대하여 채권자가 강제집행을 실시하는 경우로, 압류할 동산이 많지 않은 경우에는 그 효과가 떨어지지만 채무자에게 심리적 압박을 가한다는 점에서 효과를 보는 경우도 있다.

4. 채권압류 :

채무자의 채권, 즉 예금채권, 카드매출채권, 주식, 출자증권, 임대차 혹은 전세금 보증금반환채권, 일반매출채권, 보험환급금채권 등 제3자에 대한 채권을 채권자가 확인할 수 있는 경우에는 가장 효과적인 방법으로 채권자의 채권을 회수할 수 있다.

5. 기타 자동차 강제경매, 골프장회원권이나 건설공제조합 출자증권 압류 등 다양한 강제집행을 실시하여 채권자는 채권을 회수할 수 있다.

PART II

지급명령신청 사례

PART Ⅱ. 지급명령신청 사례

[사례1] 대여금Ⅰ (이자약정 없는 경우)

지급명령신청서

채 권 자   김○주 (000000-000000)
           서울 00구 000길 000,000동 000호(00동,00아파트)   (우:00000)
           연락처 : 000-0000-0000

채 무 자   양○동 (000000-0000000)
           서울 00구 000길 00, 00동 000호(00동,0000아파트)   (우:00000)
           연락처 : 000-0000-0000

대여금 청구 지급명령

청 구 취 지

채무자는 채권자에게 금30,000,000원 및 이 돈에 대하여 지급명령정본 송달 다음날부터 다 갚는 날까지 연 12%의 비율에 의한 금원 및 아래 독촉절차비용을 지급하라.
라는 명령을 구합니다.

독촉절차비용   금000,000원
   내역 : 인지대 금00,000원, 송달료 금00,000원, 서기료 금000,000원

청 구 원 인

1. 채권자는 채무자는 같은 직장의 동료 사이입니다. 채권자는 채무자에 대하

여 다음과 같은 약정에 의한 대여금 채권을 가지고 있습니다.

채 권 액 : 금30,000,000원
대여 연월일 : 2000. 00. 00.
채 무 자 : 양○동
채 권 자 : 김○주

2. 그러나 채무자는 돈을 2개월 만 사용하고 틀림없이 갚겠다고 약속하고는 4개월이 지난 현재까지도 위 원금을 변제하지 아니하고 있습니다. 이에 채권자는 수차례에 걸쳐 채무이행을 독촉하였으나, 채무자는 아무런 이유 없이 차일피일 변제를 미루고만 있습니다.

3. 따라서 채권자는 채무자에 대하여 청구취지와 같이 이 건 대여금의 지급을 구하면서 아울러 이 지급명령신청서 송달 다음날부터 다 갚는 날까지 연 12%의 비율에 의한 지연손해금을 함께 구하기 위하여 이 사건 신청에 이르게 되었습니다.

첨 부 서 류

1. 차용증   1 부
1. 금융거래자료   1 부

2000. 00. 00.

채 권 자   김 ○ 주   (인)

서울중앙지방법원   귀중

당 사 자 표 시

채 권 자   김○주 (000000-000000)
　　　　　서울 00구 000길 000,000동 000호(00동,00아파트)   (우:00000)
　　　　　연락처 : 000-0000-0000

채 무 자   양○동 (000000-0000000)
　　　　　서울 00구 000길 00, 00동 000호(00동,0000아파트)   (우:00000)
　　　　　연락처 : 000-0000-0000

대여금 청구 지급명령

청 구 취 지

채무자는 채권자에게 금30,000,000원 및 이 돈에 대하여 지급명령정본 송달 다음날부터 다 갚는 날까지 연 12%의 비율에 의한 금원 및 아래 독촉절차비용을 지급하라.
라는 명령을 구합니다.
독촉절차비용   금000,000원
　내역 : 인지대 금00,000원, 송달료 금00,000원, 서기료 금000,000원

청 구 원 인

1. 채권자는 채무자는 같은 직장의 동료 사이입니다. 채권자는 채무자에 대하여 다음과 같은 약정에 의한 대여금 채권을 가지고 있습니다.
　　채 권 액 : 금30,000,000원
　　대여 연월일 : 2000. 00. 00.
　　채 무 자 : 양○동
　　채 권 자 : 김○주

2. 그러나 채무자는 돈을 2개월 만 사용하고 틀림없이 갚겠다고 약속하고는 4개월이 지난 현재까지도 위 원금을 변제하지 아니하고 있습니다. 이에 채권자는 수차례에 걸쳐 채무이행을 독촉하였으나, 채무자는 아무런 이유 없이 차일피일 변제를 미루고만 있습니다.
3. 따라서 채권자는 채무자에 대하여 청구취지와 같이 이 건 대여금의 지급을 구하면서 아울러 이 지급명령신청서 송달 다음날부터 다 갚는 날까지 연 12%의 비율에 의한 지연손해금을 함께 구하기 위하여 이 사건 신청에 이르게 되었습니다.

[유사사건 판례요지]

갑이 을의 언니인 병에게 돈을 대여하면서 그중 일부를 을 명의의 계좌로 송금하였다는 등의 이유로 을은 병과 연대하여 위 대여금 일부를 지급할 의무가 있다고 주장하는 소를 제기하였는데, 제1심은 을이 소장 부본을 송달받고도 답변서를 제출하지 아니하자, 변론 없이 갑의 주장은 그 자체로 이유 없다고 보아 갑의 청구를 기각하는 판결을 선고하였고, 갑이 이에 불복하여 항소하면서 을에 대한 청구원인 사실을 불법행위로 인한 손해배상청구로 변경하자, 원심은 발송송달의 방법으로 변론기일통지서를 송달한 후 을이 불출석한 상태에서 변론기일을 진행하여 그 기일에 변론을 종결한 다음, 민사소송법 제150조 제3항, 제1항에 따라 을이 청구원인 사실을 자백한 것으로 보아 불법행위로 인한 손해배상책임을 인정한 사안에서, 제1심이 무변론으로 갑의 청구를 기각함으로써 을이 변론에 참여하여 의견을 제시할 기회가 차단되어 사실상 심급의 이익을 박탈당하는 결과가 된 사정에다가 원심에서 변론기일통지서가 발송송달의 방법으로 송달되어 을이 원심 변론기일에 참여할 기회를 제대로 갖지 못한 사정까지 감안하면, 원심으로서는 바로 을의 자백간주 판결을 할 것이 아니라 이에 앞서 제1심이 무변론판결을 선고하면서 갑의 청구를 기각한 연유는 무엇인지, 거기에 절차상 흠은 없는지, 소송 경과를 전체적으로 보아 을이 갑의 주장사실에 대하여 다툰 것으로 인정할 여지는 없는지 등을 심리하여 보고, 필요하다면 서면 등을 통하여 갑의 주장에 대한 을의 입장을 밝힐 것을 촉구하는 등 석명권을 적절히 행사함으로써 진실을 밝혀 구체적 정의를 실현하려는 노력을 게을리하지 말았어야 하는데도, 심리를 세밀히 하거나 적절한 소송지휘권을 행사하는 등의 방법으로 갑의 주장사실에 대한 을의 입장을 밝혀 보지도 아니한 채 을이 변론기일에 출석하지 아니하자 곧바로 변론을 종결하고 제1심판결과 전혀 다른 결론의 판결을 선고한 원심의 조치에는 석명권을 적정하게 행사하지 아니하여 필요한 심리를 다하지 아니하거나 자백간주의 법리를 오해한 잘못이 있다고 한 사례.
(출처 : 대법원 2017. 4. 26. 선고 2017다201033 판결)

[사례2] 대여금 II (이자약정 있는 경우)

지급명령신청서

채 권 자   정○수 (000000-000000)
             서울 00구 000길 000,000동 000호(00동,00아파트)   (우:00000)
             연락처 : 000-0000-0000

채 무 자   이○영 (000000-0000000)
             서울 00구 000길 00, 00동 000호(00동,0000아파트)   (우:00000)
             연락처 : 000-0000-0000

대여금 청구 지급명령

청 구 취 지

채무자는 채권자에게 금50,000,000원 및 이에 대하여 2000.00.00.부터 이 지급명령정본 송달일까지 연10%의 비율에 의한 돈 및 그 다음날부터 다 갚는 날까지 연 12%의 비율에 의한 지연손해금 및 아래 독촉절차비용을 지급하라.
라는 명령을 구합니다.

독촉절차비용   금000,000원
  내역 : 인지대 금00,000원, 송달료 금00,000원, 서기료 금000,000원

청 구 원 인

1. 채권자는 채무자에 대하여 다음과 같은 약정에 의한 대여금 채권을 가지고 있습니다.

채 권 액 : 금50,000,000원
대여 연월일 : 2000. 00. 00.
변 제 기 : 2000. 00. 00.
약 정 이 자 : 연 10%
이자 지급기 : 매월 말일

2. 그러나 채무자는 약정에 따른 변제기가 지난 현재까지 원금을 변제하지 아니하고 있을 뿐만 아니라 약정된 이자 역시 2000. 00. 00.부터 지급하지 아니하고 있으므로 채권자는 채무자에 대하여 수차례에 걸쳐 채무이행을 내용증명으로 독촉하였지만 아무런 이유 없이 이에 불응하고 있습니다.

3. 따라서 채권자는 채무자에 대하여 청구취지와 같은 금액 상당의 지급을 구하는 바, 원금에 대하여는 이행지체일 다음날부터 이 사건 지급명령신청서 송달일까지는 채권자와 채무자 간에 처음에 약정한 범위 이내의 약정이율을 구하고, 이 사건 지급명령신청서 송달일 다음날부터 다 갚는 날까지 소송촉진등에관한특례법 소정의 연 12%의 비율에 의한 지연손해금을 함께 구하기 위하여 이 사건 신청에 이르게 되었습니다.

첨 부 서 류

1. 차용증　　　　　　　　　　　　　　　　　　1 부
1. 금융거래자료　　　　　　　　　　　　　　　1 부
1. 내용증명　　　　　　　　　　　　　　　　　2 부

2000. 00. 00.

채 권 자　　　정 ○ 수　　　　(인)

서울동부지방법원　귀중

당 사 자 표 시

채 권 자   정○수 (000000-000000)
　　　　　서울 00구 000길 000,000동 000호(00동,00아파트)　　(우:00000)
　　　　　연락처 : 000-0000-0000

채 무 자   이○영 (000000-0000000)
　　　　　서울 00구 000길 00, 00동 000호(00동,0000아파트)　　(우:00000)
　　　　　연락처 : 000-0000-0000

대여금 청구 지급명령

청 구 취 지

채무자는 채권자에게 금50,000,000원 및 이에 대하여 2000.00.00.부터 이 지급명령정본 송달일까지 연10%의 비율에 의한 돈 및 그 다음날부터 다 갚는 날까지 연 12%의 비율에 의한 지연손해금 및 아래 독촉절차비용을 지급하라.
라는 명령을 구합니다.

독촉절차비용　　금000,000원
　내역 : 인지대 금00,000원, 송달료 금00,000원, 서기료 금000,000원

청 구 원 인

1. 채권자는 채무자에 대하여 다음과 같은 약정에 의한 대여금 채권을 가지고 있습니다.
　　채 권 액 : 금50,000,000원
　　대여 연월일 : 2000. 00. 00.

변 제 기 : 2000. 00. 00.
약 정 이 자 : 연 10%
이자 지급기 : 매월 말일

2. 그러나 채무자는 약정에 따른 변제기가 지난 현재까지 원금을 변제하지 아니하고 있을 뿐만 아니라 약정된 이자 역시 2000. 00. 00.부터 지급하지 아니하고 있으므로 채권자는 채무자에 대하여 수차례에 걸쳐 채무이행을 내용증명으로 독촉하였지만 아무런 이유 없이 이에 불응하고 있습니다.

3. 따라서 채권자는 채무자에 대하여 청구취지와 같은 금액 상당의 지급을 구하는 바, 원금에 대하여는 이행지체일 다음날부터 이 사건 지급명령신청서 송달일까지는 채권자와 채무자 간에 처음에 약정한 범위 이내의 약정이율을 구하고, 이 사건 지급명령신청서 송달일 다음날부터 다 갚는 날까지 소송촉진등에관한특례법 소정의 연 12%의 비율에 의한 지연손해금을 함께 구하기 위하여 이 사건 신청에 이르게 되었습니다.

【유사사건 판례요지】

금전채무의 불이행으로 인한 손해배상액은 달리 특별한 사정이 없는 한 민법 소정의 법정이율인 연 5푼의 비율에 의한 금원이라 할 것이고, 다만 그와 다른 이자율의 약정이 있거나 지연손해금률의 약정이 있는 경우에 한하여 그 별도의 약정에 따른 손해배상액을 인정할 수 있다 할 것인데, 이와 같이 별도의 약정이 있음을 이유로 하여 법정이율보다도 낮은 비율에 의한 지연손해금을 인정하기 위하여는 법정이율보다 낮은 이자율 또는 지연손해금률의 약정이 있다는 점에 관하여 당사자 사이에 다툼이 없거나 증거에 의하여 적극적으로 인정되는 사정이 존재하여야 할 것이고, 피고가 법정이자율보다 낮은 비율에 의한 이자율 또는 지연손해금률의 약정이 있음을 자인한다 하여 그에 따른 금원의 지급을 명할 수는 없다.
(출처 : 대법원 1995. 10. 12. 선고 95다26797 판결)

[사례3] 대여금 Ⅲ (일상가사대리)

지급명령신청서

채 권 자   이○희 (000000-000000)
          서울 00구 000길 000,000동 000호(00동,00아파트)   (우:00000)
          연락처 : 000-0000-0000

채 무 자   (1) 최○호 (000000-0000000)
              서울 00구 000길 00, 00동 000호(00동,00아파트)   (우:00000)
              연락처 : 000-0000-0000

          (2) 이○순 (000000-0000000)
              서울 00구 000길 00, 00동 000호(00동,00아파트)   (우:00000)
              연락처 : 000-0000-0000

대여금 청구 지급명령

청 구 취 지

채무자들은 연대하여 채권자에게 금3,000,000원 및 이에 대하여 지급명령정본 송달 다음날부터 다 갚는 날까지 연 12%의 비율에 의한 지연손해금 및 아래 독촉절차비용을 지급하라.
라는 명령을 구합니다.

독촉절차비용   금000,000원
   내역 : 인지대 금00,000원, 송달료 금00,000원, 서기료 금000,000원

청 구 원 인

1. 채무자들은 부부지간이고, 채권자는 채무자들의 집 이웃에서 살고 있는 자로, 채권자와 채무자들은 서로 왕래하며 비교적 친밀하게 지내온 자들입니다.

2. 채무자 최○호는 2000. 00. 00.경 채권자의 집으로 놀러와 저녁식사를 하던 중, 채무자들의 딸인 소외 최○경이 00대학교에 합격을 하여 그 등록을 하여야 하는데 등록금이 부족하다며 금3,000,000원을 빌려줄 것을 부탁하며 10일 후에 갚겠다고 약속하였습니다.

3. 그런데 채무자 최○호는 위 돈을 빌려간 이후 3개월이나 경과하였음에도 차일피일 미루기만 하고 돈을 갚지 않았습니다. 이에 채권자는 채무자 최○호의 처인 채무자 이○순에게 위 금전을 갚을 것을 수차례 독촉하였으나, 채무자 이○순은 자기가 빌린 돈이 아니니 갚을 수 없다는 다소 황당한 말을 하였습니다.

4. 하지만 위 채무관계는 채무자들의 일상가사로 인하여 발생한 것이므로 채무자들은 연대하여 채권자에게 돈을 갚아야 할 책임이 있다고 할 것입니다.

5. 따라서 채권자는 채무자들로부터 위 대여금 3,000,000원과 이 사건 지급명령정본 송달 다음날부터 다 갚는 날까지 연 12%의 비율로 계산한 돈 및 독촉절차비용을 지급받기 위하여 이 사건 청구에 이르게 되었습니다.

첨 부 서 류

1. 차용증   1 부

2000. 00. 00.

채 권 자   이 ○ 희   (인)

서울남부지방법원   귀중

당 사 자 표 시

채 권 자   이○희 (000000-000000)
　　　　　서울 00구 000길 000,000동 000호(00동,00아파트)　(우:00000)
　　　　　연락처 : 000-0000-0000

채 무 자   (1) 최○호 (000000-0000000)
　　　　　서울 00구 000길 00, 00동 000호(00동,00아파트)　(우:00000)
　　　　　연락처 : 000-0000-0000

　　　　　(2) 이○순 (000000-0000000)
　　　　　서울 00구 000길 00, 00동 000호(00동,00아파트)　(우:00000)
　　　　　연락처 : 000-0000-0000

대여금 청구 지급명령

청 구 취 지

채무자들은 연대하여 채권자에게 금3,000,000원 및 이에 대하여 지급명령정본 송달 다음날부터 다 갚는 날까지 연 12%의 비율에 의한 지연손해금 및 아래 독촉절차비용을 지급하라.
라는 명령을 구합니다.

독촉절차비용　금000,000원
　내역 : 인지대 금00,000원, 송달료 금00,000원, 서기료 금000,000원

청 구 원 인

1. 채무자들은 부부지간이고, 채권자는 채무자들의 집 이웃에서 살고 있는 자로,

채권자와 채무자들은 서로 왕래하며 비교적 친밀하게 지내온 자들입니다.

2. 채무자 최○호는 2000. 00. 00.경 채권자의 집으로 놀러와 저녁식사를 하던 중, 채무자들의 딸인 소외 최○경이 00대학교에 합격을 하여 그 등록을 하여야 하는데 등록금이 부족하다며 금3,000,000원을 빌려줄 것을 부탁하며 10일 후에 갚겠다고 약속하였습니다.

3. 그런데 채무자 최○호는 위 돈을 빌려간 이후 3개월이나 경과하였음에도 차일피일 미루기만 하고 돈을 갚지 않았습니다. 이에 채권자는 채무자 최○호의 처인 채무자 이○순에게 위 금전을 갚을 것을 수차례 독촉하였으나, 채무자 이○순은 자기가 빌린 돈이 아니니 갚을 수 없다는 다소 황당한 말을 하였습니다.

4. 하지만 위 채무관계는 채무자들의 일상가사로 인하여 발생한 것이므로 채무자들은 연대하여 채권자에게 돈을 갚아야 할 책임이 있다고 할 것입니다.

5. 따라서 채권자는 채무자들로부터 위 대여금 3,000,000원과 이 사건 지급명령정본 송달 다음날부터 다 갚는 날까지 연 12%의 비율로 계산한 돈 및 독촉절차비용을 지급받기 위하여 이 사건 청구에 이르게 되었습니다.

【유사사건 판례요지】

대리가 적법하게 성립하기 위하여는 대리행위를 한 자, 즉 대리인이 본인을 대리할 권한을 가지고 그 대리권의 범위 내에서 법률행위를 하였음을 요하며, 부부의 경우에도 일상의 가사가 아닌 법률행위를 배우자를 대리하여 행함에 있어서는 별도로 대리권을 수여하는 수권행위가 필요한 것이지, 부부의 일방이 의식불명의 상태에 있어 사회통념상 대리관계를 인정할 필요가 있다는 사정만으로 그 배우자가 당연히 채무의 부담행위를 포함한 모든 법률행위에 관하여 대리권을 갖는다고 볼 것은 아니다.
(출처 : 대법원 2000. 12. 8. 선고 99다37856 판결)

[사례4] 대여금Ⅳ (채무자 사망)

지급명령신청서

채 권 자   김○호 (000000-000000)
            서울 00구 000길 000,000동 000호(00동,00아파트)   (우:00000)
            연락처 : 000-0000-0000

채 무 자   전○일 (000000-0000000)
            서울 00구 000길 00, 00동 000호(00동,00아파트)   (우:00000)
            연락처 : 000-0000-0000

대여금 청구 지급명령

청 구 취 지

채무자는 채권자에게 금10,000,000원 및 이에 대하여 지급명령정본 송달 다음 날부터 다 갚는 날까지 연 12%의 비율에 의한 지연손해금 및 아래 독촉절차비용을 지급하라.
라는 명령을 구합니다.

독촉절차비용   금000,000원
  내역 : 인지대 금00,000원, 송달료 금00,000원, 서기료 금000,000원

청 구 원 인

1. 채권자는 서울시 동대문구 소재 00시장에서 같이 장사를 하던 소외 망 김○식에게 2000. 00. 00.경 금10,000,000원을 차용해 주었는데 위 김○식

은 2000. 00. 00. 00:00 사망하였고, 채무자는 위 김○식의 유일한 상속인으로 위 채무를 승계한 자입니다.

2. 채권자는 채무자에게 부친이 빌려갔던 위 돈에 대한 차용증과 예금거래내역을 보여주었고, 채무자는 위 채무관계를 인정하고 있으나, 위 돈을 변제하라는 채권자의 요구에 대하여 장사가 안 된다며 그 지급을 차일피일 미루고만 있습니다.

3. 채권자도 망 김○식과는 막역한 사이였기 때문에 채무자가 위 돈을 갚을 때까지 약2년 간 기다려주었으나 채무자는 여전히 차일피일 미루며 위 돈을 지급하지 않고 있습니다.

4. 이에 채권자는 채무자로부터 위 대여금 10,000,000원과 이 사건 지급명령 정본 송달 다음날부터 다 갚는 날까지 연 12%의 비율로 계산한 돈 및 독촉절차비용을 지급받기 위하여 이 사건 청구에 이르게 되었습니다.

첨 부 서 류

1. 차용증	1 부
1. 금융거래내역서	1 부
1. 가족관계증명서	1 부
1. 사망진단서	1 부

2000. 00. 00.

채 권 자   김 ○ 호   (인)

서울서부지방법원   귀중

당 사 자 표 시

채 권 자   김○호 (000000-000000)
           서울 00구 000길 000,000동 000호(00동,00아파트)   (우:00000)
           연락처 : 000-0000-0000

채 무 자   전○일 (000000-0000000)
           서울 00구 000길 00, 00동 000호(00동,00아파트)   (우:00000)
           연락처 : 000-0000-0000

대여금 청구 지급명령

청 구 취 지

채무자는 채권자에게 금10,000,000원 및 이에 대하여 지급명령정본 송달 다음 날부터 다 갚는 날까지 연 12%의 비율에 의한 지연손해금 및 아래 독촉절차비용을 지급하라.
라는 명령을 구합니다.

독촉절차비용   금000,000원
  내역 : 인지대 금00,000원, 송달료 금00,000원, 서기료 금000,000원

청 구 원 인

1. 채권자는 서울시 동대문구 소재 00시장에서 같이 장사를 하던 소외 망 김○식에게 2000. 00. 00.경 금10,000,000원을 차용해 주었는데 위 김○식은 2000. 00. 00. 00:00 사망하였고, 채무자는 위 김○식의 유일한 상속인

으로 위 채무를 승계한 자입니다.

2. 채권자는 채무자에게 부친이 빌려갔던 위 돈에 대한 차용증과 예금거래내역을 보여주었고, 채무자는 위 채무관계를 인정하고 있으나, 위 돈을 변제하라는 채권자의 요구에 대하여 장사가 안 된다며 그 지급을 차일피일 미루고만 있습니다.

3. 채권자도 망 김○식과는 막역한 사이였기 때문에 채무자가 위 돈을 갚을 때까지 약2년 간 기다려주었으나 채무자는 여전히 차일피일 미루며 위 돈을 지급하지 않고 있습니다.

4. 이에 채권자는 채무자로부터 위 대여금 10,000,000원과 이 사건 지급명령 정본 송달 다음날부터 다 갚는 날까지 연 12%의 비율로 계산한 돈 및 독촉절차비용을 지급받기 위하여 이 사건 청구에 이르게 되었습니다.

【유사사건 판례요지】

당사자가 사망하였으나 그를 위한 소송대리인이 있어 소송절차가 중단되지 않는 경우, 망인의 공동상속인 중 소송수계절차를 밟은 일부만을 당사자로 표시한 판결의 효력이 나머지 공동상속인에게도 미치는지 여부(적극).
(출처 : 대법원 2010. 12. 23. 선고 2007다22859 판결 [소유권이전등기등])

[사례5] 대여금 Ⅴ (채권자 사망)

지급명령신청서

채 권 자   (1) 이○순 (000000-000000)
　　　　　　서울 00구 000길 000,000동 000호(00동,00아파트) (우:00000)
　　　　　　연락처 : 000-0000-0000
　　　　　(2) 홍○표
　　　　　　서울 00구 000길 000,000동 000호(00동,00아파트) (우:00000)
　　　　　　연락처 : 000-0000-0000

채 무 자   김○영 (000000-0000000)
　　　　　　서울 00구 000길 00, 00동 000호(00동,00아파트)　　　(우:00000)
　　　　　　연락처 : 000-0000-0000

대여금 청구 지급명령

청 구 취 지

1. 채무자는 채권자 이○순에게 금6,000,000원 및 이에 대하여 지급명령정본 송달 다음날부터 다 갚는 날까지 연 12% 비율로 계산한 금원 및 아래의 독촉절차비용의 2분의1 비율의 금원을 지급하고,

2. 채무자는 채권자 홍○표에게 금4,000,000원 및 이에 대하여 지급명령정본 송달 다음날부터 다 갚는 날까지 연 12%의 비율에 의한 지연손해금 및 아래 독촉절차비용의 2분의1 비율의 금원을 지급하라.
라는 명령을 구합니다.

독촉절차비용　　금000,000원
　내역 : 인지대 금00,000원, 송달료 금00,000원, 서기료 금000,000원

청 구 원 인

1. 채무자는 소외 망 홍○순에게 금10,000,000원의 채무가 있는 자이고, 채권자 이을순은 2000. 00. 00. 사망한 위 홍○순의 처이고, 채권자 홍○표는 위 홍○순의 아들인 자로서 각 상속인인 자들입니다.

2. 채무자는 2000. 00. 00.경 위 홍○순으로부터 금10,000,000원을 차용해 가면서 차용증을 작성해 주었는데 그 사실은 채권자 이○순도 직접 목격을 하였기 때문에 잘 알고 있는 사실입니다.

3. 그런데 위 홍○순이 사망을 하자 채무자는 채권자에게 돈을 갚겠다는 말을 하면서도 차일피일 미루기만 하여 현재까지도 채권자들은 위 채무금을 지급받지 못하고 있습니다.

4. 따라서 채권자들은 위 홍○순의 상속인들로 위 채권을 정당하게 승계하였으므로 위 대여금 10,000,000원에 대한 채권자들의 각 상속분(이○순 1.5/2.5, 홍○표 1/2.5)과 이 사건 지급명령정본 송달 다음날부터 다 갚는 날까지 연 12%의 비율로 계산한 돈 및 독촉절차비용을 지급받기 위하여 이 사건 청구에 이르게 되었습니다.

첨 부 서 류

1. 차용증   1 부
1. 사망신고서   1 부
1. 가족관계증명서   1 부

2000. 00. 00.

채 권 자   이 ○ 순   (인)
            홍 ○ 표   (인)

서울북부지방법원 귀중

당 사 자 표 시

채 권 자   (1) 이○순 (000000-000000)
               서울 00구 000길 000,000동 000호(00동,00아파트) (우:00000)
               연락처 : 000-0000-0000
           (2) 홍○표
               서울 00구 000길 000,000동 000호(00동,00아파트) (우:00000)
               연락처 : 000-0000-0000

채 무 자   김○영 (000000-0000000)
               서울 00구 000길 00, 00동 000호(00동,00아파트)   (우:00000)
               연락처 : 000-0000-0000

대여금 청구 지급명령

청 구 취 지

1. 채무자는 채권자 이○순에게 금6,000,000원 및 이에 대하여 지급명령정본 송달 다음날부터 다 갚는 날까지 연 12% 비율로 계산한 금원 및 아래의 독촉절차비용의 2분의1 비율의 금원을 지급하고,

2. 채무자는 채권자 홍○표에게 금4,000,000원 및 이에 대하여 지급명령정본 송달 다음날부터 다 갚는 날까지 연 12%의 비율에 의한 지연손해금 및 아래 독촉절차비용의 2분의1 비율의 금원을 지급하라.
   라는 명령을 구합니다.

독촉절차비용   금000,000원
   내역 : 인지대 금00,000원, 송달료 금00,000원, 서기료 금000,000원

청 구 원 인

1. 채무자는 소외 망 홍○순에게 금10,000,000원의 채무가 있는 자이고, 채권자 이을순은 2000. 00. 00. 사망한 위 홍○순의 처이고, 채권자 홍○표는 위 홍○순의 아들인 자로서 각 상속인인 자들입니다.

2. 채무자는 2000. 00. 00.경 위 홍○순으로부터 금10,000,000원을 차용해 가면서 차용증을 작성해 주었는데 그 사실은 채권자 이○순도 직접 목격을 하였기 때문에 잘 알고 있는 사실입니다.

3. 그런데 위 홍○순이 사망을 하자 채무자는 채권자에게 돈을 갚겠다는 말을 하면서도 차일피일 미루기만 하여 현재까지도 채권자들은 위 채무금을 지급받지 못하고 있습니다.

4. 따라서 채권자들은 위 홍○순의 상속인들로 위 채권을 정당하게 승계하였으므로 위 대여금 10,000,000원에 대한 채권자들의 각 상속분(이○순 1.5/2.5, 홍○표 1/2.5)과 이 사건 지급명령정본 송달 다음날부터 다 갚는 날까지 연 12%의 비율로 계산한 돈 및 독촉절차비용을 지급받기 위하여 이 사건 청구에 이르게 되었습니다.

【유사사건 판례요지】

원고가 피고의 사망 사실을 모르고 사망자를 피고로 표시하여 소를 제기한 경우에, 청구의 내용과 원인사실, 당해 소송을 통하여 분쟁을 실질적으로 해결하려는 원고의 소 제기 목적 내지는 사망 사실을 안 이후 원고의 피고표시정정신청 등 여러 사정을 종합하여 볼 때에, 실질적인 피고는 당사자능력이 없어 소송당사자가 될 수 없는 사망자가 아니라 처음부터 사망자의 상속자이고 다만 그 표시에 잘못이 있는 것에 지나지 않는다고 인정되면 사망자의 상속인으로 피고의 표시를 정정할 수 있다 할 것인바, 상속개시 이후 상속의 포기를 통한 상속채무의 순차적 승계 및 그에 따른 상속채무자 확정의 곤란성 등 상속제도의 특성에 비추어 위의 법리는 채권자가 채무자의 사망 이후 그 1순위 상속인의 상속포기 사실을 알지 못하고 1순위 상속인을 상대로 소를 제기한 경우에도 채권자가 의도한 실질적 피고의 동일성에 관한 위 전제요건이 충족되는 한 마찬가지로 적용이 된다.
(출처 : 대법원 2009. 10. 15. 선고 2009다49964 판결)

[사례6] 대여금Ⅵ (채무자와 연대보증인)

지급명령신청서

채 권 자   이○호 (000000-0000000)
           서울 중구 000길 00, 000동 000호(00동,00빌라)   (우:00000)
           연락처 : 000-0000-0000

채 무 자   (1) 김○숙 (000000-0000000)
               서울 송파구 00동 000, 000동 000호(00동, 000연립)(우:00000)
           (2) 이○수 (000000-0000000)
               서울 서초구 00동 000, 00동 00호(00동, 00아파트) (우:00000)

대여금 청구 지급명령

청 구 취 지

채무자들은 연대하여 채권자에게 금 20,000,000원 및 이에 대하여 2000. 00. 00.부터 이 사건 지급명령정본 송달일까지는 연 15%의, 그 다음날부터 다 갚는 날까지는 연 12%의 각 비율에 의한 돈 및 다음 독촉절차비용을 지급 지급하라. 라는 명령을 구합니다.

독촉절차비용   금000,000원
   내역 : 인지대 금00,000원, 송달료 금00,000원, 서기료 금000,000원

청 구 원 인

1. 채무자 김○숙은 2000.00.00. 채권자로부터 금전을 대여해 갔는데 채무자 이○수는 아래와 같이 연대보증을 한 사실이 있습니다.

- 아 래 -

　　채권자　　　이○호
　　채무자　　　김○숙
　　연대보증인　이○수
　　차용금　　　금20,000,000원(이자 연15%)
　　변제기　　　2000. 00. 00

2. 그러나 위 변제기인 2000. 00. 00.경 채무자 김○숙은 장사가 안 된다는 이유로 차일피일 미루기만 하고 위 채무금을 지급하지 않았습니다. 이에 채권자는 연대보증인인 채무자 이○수에게 그 지급을 요구하였으나, 역시 돈이 없다는 이유로 그 변제를 하지 않고 있습니다.

3. 이에 채권자는 채무자들에게 수차례에 걸쳐 내용증명을 보내고, 직접 찾아가 위 차용금을 변제할 것을 독촉하였으나, 채무자들은 이를 거절하고 최근에는 전화 조차도 받지 않아 채권자는 부득이 이 사건 청구에 이르게 되었습니다.

첨 부 서 류

1. 차용증　　　　　　　　　　　　　　　　　　　　1 부
1. 내용증명　　　　　　　　　　　　　　　　　　　3 부

2000. 00. 00.

채 권 자　　　이 ○ 호　　　(인)

서울동부지방법원　귀중

당 사 자 표 시

채 권 자   이○호 (000000-0000000)
　　　　　서울 중구 000길 00, 000동 000호(00동,00빌라)　　　(우:00000)
　　　　　연락처 : 000-0000-0000

채 무 자   (1) 김○숙 (000000-0000000)
　　　　　　서울 송파구 00동 000, 000동 000호(00동, 000연립)(우:00000)

　　　　　(2) 이○수 (000000-0000000)
　　　　　　서울 서초구 00동 000, 00동 00호(00동, 00아파트) (우:00000)

대여금 청구 지급명령

청 구 취 지

채무자들은 연대하여 채권자에게 금 20,000,000원 및 이에 대하여 2000. 00. 00.부터 이 사건 지급명령정본 송달일까지는 연 15%의, 그 다음날부터 다 갚는 날까지는 연 12%의 각 비율에 의한 돈 및 다음 독촉절차비용을 지급 지급하라.
라는 명령을 구합니다.

독촉절차비용　금000,000원
　내역 : 인지대 금00,000원, 송달료 금00,000원, 서기료 금000,000원

청 구 원 인

1. 채무자 김○숙은 2000.00.00. 채권자로부터 금전을 대여해 갔는데 채무자

이○수는 아래와 같이 연대보증을 한 사실이 있습니다.

- 아 래 -

채권자　　　이○호
채무자　　　김○숙
연대보증인　이○수
차용금　　　금20,000,000원(이자 연15%)
변제기　　　2000. 00. 00

2. 그러나 위 변제기인 2000. 00. 00.경 채무자 김○숙은 장사가 안 된다는 이유로 차일피일 미루기만 하고 위 채무금을 지급하지 않았습니다. 이에 채권자는 연대보증인인 채무자 이○수에게 그 지급을 요구하였으나, 역시 돈이 없다는 이유로 그 변제를 하지 않고 있습니다.

3. 이에 채권자는 채무자들에게 수차례에 걸쳐 내용증명을 보내고, 직접 찾아가 위 차용금을 변제할 것을 독촉하였으나, 채무자들은 이를 거절하고 최근에는 전화 조차도 받지 않아 채권자는 부득이 이 사건 청구에 이르게 되었습니다.

【유사사건 판례요지】

주채무자가 제공한 담보부동산에 설정된 저당권의 청산가액에 따라 보증인의 보증책임 범위가 달라지도록 보증인과 저당권자가 합의하였는데 그 후 저당권자와 주채무자 사이에 저당권의 청산가액 등에 관하여 합의가 이루어지고 보증인이 이에 동의한 경우, 저당권자가 그 청산가액의 적정성에 관하여 이의를 제기하여 보증책임의 범위를 다툴 수 있는지 여부(소극)
(출처 : 대법원 2010. 7. 15. 선고 2008다39786 판결)

[사례7] 매매대금 I (전부)

지급명령신청서

채 권 자　이○진　(000000-000000)
　　　　　서울 00구 000길 000,000동 000호(00동,00아파트)　(우:00000)
　　　　　H.P : 000-0000-0000

채 무 자　최○기　(000000-0000000)
　　　　　서울 00구 000길 00, 00동 000호(00동,0000아파트)　(우:00000)
　　　　　H.P : 000-0000-0000

매매대금 청구 지급명령

청 구 취 지

채무자는 채권자에게 금45,000,000원 및 이에 대하여 이 지급명령정본 송달 다음날부터 완제일까지 연 12%의 비율에 의한 지연손해금 및 아래 독촉절차비용을 지급하라.
라는 명령을 구합니다.

독촉절차비용　금000,000원
　내역 : 인지대 금00,000원, 송달료 금00,000원, 서기료 금000,000원

청 구 원 인

1. 채권자는 주소지에서 한우 판매업을 경영하고 있으며 채무자는 2000. 00.

00. 채권자가 판매하는 한우 100두를 금45,000,000원에 구입한 후 동 물품을 채권자로부터 인도받은 자입니다.

2. 위 매매 대금의 결제 방법은 판매일 1주일 후에 전액을 현금으로 갚기로 하였습니다. 그런데 채무자는 판매일 후 무려 2개월이 경과하였음에도 위 물품대금을 지급하지 않으며 차일피일 미루기만 하고 있습니다.

3. 이에 채권자는 더 이상 지체할 경제적 여력이 되지 않아 부득이 이 사건 청구를 이르게 되었습니다.

첨 부 서 류

1. 물품인수증	1 부
1. 각서	1 부
1. 사업자등록증	1 부

2000. 00. 00.

채 권 자   이 ○ 진   (인)

서울남부지방법원   귀중

당 사 자 표 시

채 권 자   이○진 (000000-000000)
            서울 00구 000길 000,000동 000호(00동,00아파트)   (우:00000)
            H.P : 000-0000-0000

채 무 자   최○기 (000000-0000000)
            서울 00구 000길 00, 00동 000호(00동,0000아파트)   (우:00000)
            H.P : 000-0000-0000

매매대금 청구 지급명령

청 구 취 지

채무자는 채권자에게 금45,000,000원 및 이에 대하여 이 지급명령정본 송달 다음날부터 완제일까지 연 12%의 비율에 의한 지연손해금 및 아래 독촉절차비용을 지급하라.
라는 명령을 구합니다.

독촉절차비용   금000,000원
   내역 : 인지대 금00,000원, 송달료 금00,000원, 서기료 금000,000원

청 구 원 인

1. 채권자는 주소지에서 한우 판매업을 경영하고 있으며 채무자는 2000. 00. 00. 채권자가 판매하는 한우 100두를 금45,000,000원에 구입한 후 동 물품을 채권자로부터 인도받은 자입니다.

2. 위 매매 대금의 결제 방법은 판매일 1주일 후에 전액을 현금으로 갚기로 하였습니다. 그런데 채무자는 판매일 후 무려 2개월이 경과하였음에도 위 물품대금을 지급하지 않으며 차일피일 미루기만 하고 있습니다.

3. 이에 채권자는 더 이상 지체할 경제적 여력이 되지 않아 부득이 이 사건 청구를 이르게 되었습니다.

【유사사건 판례요지】

매수인이 매도인으로부터 물품을 공급받은 다음 그들 사이의 물품대금 지급방법에 관한 약정에 따라 대금의 지급을 위하여 물품 매도인에게 지급기일이 물품공급일자 이후로 된 약속어음을 발행·교부한 경우, 물품대금 지급채무의 이행기는 다른 특별한 사정이 없는 한 약속어음의 지급기일이고, 위 약속어음이 발행인에게 발생한 지급정지사유로 지급기일이 도래하기 전에 지급거절되었더라도 지급거절된 때에 물품대금 지급채무의 이행기가 도래하는 것은 아니다. 그리고 위의 물품대금 지급채무 등과 같은 물품공급계약에서 정하여진 채무에 관하여 체결된 '이행보증보험계약'이 "이행기일이 보험기간 안에 있는 채무"의 불이행으로 인한 손해를 보장하는 내용인 경우에는 위와 같이 지급거절 등 사유의 발생으로 바로 보험계약에서 정하여진 '이행기일'이 도래한다고 할 수 없다. (출처 : 대법원 2014. 6. 26. 선고 2011다101599 판결)

[사례8] 매매대금 II (일부)

지급명령신청서

채 권 자   정○수
            인천시 00구 00동 000, 00상가 000호   (우:00000)
            연락처 : 000-0000-0000

채 무 자   주식회사 0000유통 (000000-0000000)
            인천시 00구 000길 000   (우:00000)
            대표이사 김○철

매매대금 청구 지급명령

청 구 취 지

채무자는 채권자에게 금10,800,000원 및 이에 대하여 이 지급명령정본 송달 다음날부터 완제일까지 연 12%의 비율에 의한 지연손해금 및 아래 독촉절차비용을 지급하라.
라는 명령을 구합니다.

독촉절차비용   금00,000원
   내역 : 인지대 금0,000원, 송달료 금00,000원

청 구 원 인

1. 채권자는 주소지에서 OO복사기 판매업을 경영하고 있으며 채무자는 2000. 00. 00. 채권자가 판매하는 OO복사기 5대를 금12,000,000원에 구입한 후 동 물품을 채권자로부터 인도받은 적이 있습니다.

2. 위 매매 대금의 결제 방법은 판매당일 계약금조로 금1,200,000원을 지급받고 나머지 잔금 금10,800,000원은 1개월 내에 지급하기로 하였습니다.

3. 그러나 채무자는 위 약정에 위반하여 위 물품 판매 후 3개월이 경과한 이건 신청일 현재까지 잔여금을 변제 하지 아니하므로 이건 신청을 합니다.

첨 부 서 류

1. 물품계약서	1 부
1. 세금계산서	1 부
1. 금융거래자료	1 부

2000. 00. 00.

채 권 자   정 ○ 수   (인)

인천지방법원   귀중

당 사 자 표 시

채 권 자   정○수
          인천시 00구 00동 000, 00상가 000호   (우:00000)
          연락처 : 000-0000-0000

채 무 자   주식회사 0000유통 (000000-0000000)
          인천시 00구 000길 000   (우:00000)
          대표이사 김○철

매매대금 청구 지급명령

청 구 취 지

채무자는 채권자에게 금10,800,000원 및 이에 대하여 이 지급명령정본 송달 다음날부터 완제일까지 연 12%의 비율에 의한 지연손해금 및 아래 독촉절차비용을 지급하라.
라는 명령을 구합니다.

독촉절차비용   금00,000원
   내역 : 인지대 금0,000원, 송달료 금00,000원

청 구 원 인

1. 채권자는 주소지에서 00복사기 판매업을 경영하고 있으며 채무자는 2000. 00. 00. 채권자가 판매하는 00복사기 5대를 금12,000,000원에 구입한 후 동 물품을 채권자로부터 인도받은 적이 있습니다.

2. 위 매매 대금의 결제 방법은 판매당일 계약금조로 금1,200,000원을 지급받고 나머지 잔금 금10,800,000원은 1개월 내에 지급하기로 하였습니다.

3. 그러나 채무자는 위 약정에 위반하여 위 물품 판매 후 3개월이 경과한 이건 신청일 현재까지 잔여금을 변제 하지 아니하므로 이건 신청을 합니다.

【유사사건 판례요지】

매수인이 매도인으로부터 물품을 공급받은 다음 그들 사이의 물품대금 지급방법에 관한 약정에 따라 그 대금의 지급을 위하여 물품 매도인에게 지급기일이 물품 공급일자 이후로 된 약속어음을 발행·교부한 경우 물품대금 지급채무의 이행기는 그 약속어음의 지급기일이고, 위 약속어음이 발행인의 지급정지의 사유로 그 지급기일 이전에 지급거절되었더라도 물품대금 지급채무가 그 지급거절된 때에 이행기에 도달하는 것은 아니다.
(출처 : 대법원 2000. 9. 5. 선고 2000다26333 판결 [보증채무금])

[사례9] 매매대금Ⅲ (부동산 잔대금)

지급명령신청서

채 권 자   주식회사 OO물산 (000000-0000000)
               부산시 OO구 OOO길 OO, OO빌딩 OO층 OOO호   (우:00000)
               대표이사 양○복
               H.P : 000-0000-0000

채 무 자   주식회사 OOOO건설 (000000-0000000)
               부산시 OO구 OOOO길 OOO (OO동,OO빌딩)   (우:00000)
               대표이사 권○길

매매 잔대금 청구 지급명령

청 구 취 지

채무자는 채권자에게 금50,000,000원 및 이에 대한 이 건 지급명령정본 송달 다음날부터 완제일까지 연 12%의 비율에 의한 금원 및 아래 독촉절차비용을 지급하라.
라는 명령을 구합니다.

독촉절차비용   금000,000원
   내역 : 인지대 금00,000원, 송달료 금00,000원, 송달료 금000,000원

청 구 원 인

1. 채권자는 2000. 00. 00. 채무자에게 부산시 00구 00동 00시장 1지구 2층 1열 000호 ○○상회를 금 300,000,000원에 매도하였습니다.

2. 채무자는 계약 당일 금30,00,000원을 지급하고 중도금 220,000,000원은 같은 해 00. 00.까지, 나머지 잔대금 50,000,000원은 같은 해 00. 00.까지 각 지급하기로 하였습니다.

3. 그런데 채무자는 위 중도금을 지급하고 잔대금 지급기일이 지난 지금까지 아무런 이유 없이 이를 지급하지 아니하고 있으므로 청구취지와 같은 재판을 구하기 위하여 이 사건 청구에 이른 것입니다.

첨 부 서 류

1. 매매계약서 사본	1 부
1. 통장사본	1 부
1. 법인등기부등본	2 부

2000. 00. 00.

채 권 자   주식회사 00물산

　　　　　　대표이사 양 ○ 복   (인)

부산지방법원   귀중

당 사 자 표 시

채 권 자   주식회사 00물산 (000000-0000000)
          부산시 00구 000길 00, 00빌딩 00층 000호   (우:00000)
          대표이사 양○복
          H.P : 000-0000-0000

채 무 자   주식회사 0000건설 (000000-0000000)
          부산시 00구 0000길 000 (00동,00빌딩)   (우:00000)
          대표이사 권○길

매매 잔대금 청구 지급명령

청 구 취 지

채무자는 채권자에게 금 50,000,000원 및 이에 대한 이 건 지급명령정본 송달 다음날부터 완제일까지 연 12%의 비율에 의한 금원 및 아래 독촉절차비용을 지급하라.
라는 명령을 구합니다.

독촉절차비용   금 000,000원
  내역 : 인지대 금00,000원, 송달료 금 00,000원, 송달료 금 000,000원

청 구 원 인

1. 채권자는 2000. 00. 00. 채무자에게 부산시 00구 00동 00시장 1지구 2층

1열 000호 ○○상회를 금 300,000,000원에 매도하였습니다.

2. 채무자는 계약 당일 금 30,00,000원을 지급하고 중도금 220,000,000원은 같은 해 00. 00.까지, 나머지 잔대금 50,000,000원은 같은 해 00. 00.까지 각 지급하기로 하였습니다.

3. 그런데 채무자는 위 중도금을 지급하고 잔대금 지급기일이 지난 지금까지 아무런 이유 없이 이를 지급하지 아니하고 있으므로 청구취지와 같은 재판을 구하기 위하여 이 사건 청구에 이른 것입니다.

【유사사건 판례요지】

갑이 을 회사에 대한 회생절차개시 결정 이후 관리인 병을 상대로 물품대금 이행과 회생채권 확정을 구하는 소를 제기한 것이 적법한지가 문제된 사안에서, 회생절차에서 갑이 신고한 회생채권에 대하여 병이 이의를 하였으므로, 갑은 병을 상대방으로 하여 법원에 채권조사확정의 재판을 신청하고 그 재판 결과에 따라 채권조사확정재판에 대한 이의의 소를 제기하여 채권의 존부나 범위를 다투어야 하며, 회생절차개시결정 후 병을 상대로 물품대금 이행이나 회생채권 확정을 구하는 소를 제기한 것은 부적법하다고 한 사례.
(출처 : 대법원 2011. 5. 26. 선고 2011다10310 판결)

[사례10] 매매대금Ⅳ (부동산계약금 반환)

지급명령신청서

채 권 자   손○철 (000000-0000000)
　　　　　 광주시 000구 000길 000, 00동 000호(00동, 0000아파트) (우:00000)
　　　　　 H.P : 000-0000-0000

채 무 자   이○석 (000000-0000000)
　　　　　 광주시 00구 00동 000-00　　　　　　　　　　　　　(우:00000)

매매계약금 반환 지급명령

청 구 취 지

채무자는 채권자에게 금 30,000,000원 및 이에 대한 이 건 지급명령정본 송달 다음날부터 완제일까지 연 12%의 비율에 의한 금원 및 아래 독촉절차비용을 지급하라.
라는 명령을 구합니다.

독촉절차비용　　금000,000원
　　내역 : 인지대 금00,000원, 송달료 금00,000원, 서기료 금000,000원

청 구 원 인

1. 채무자는 2000. 00. 00. 채권자에게 전남 ○○군 ○○면 ○○동 000번지

대 800평을 금 300,000,000원에 매도하는 계약을 체결하고 계약당일 계약금으로 30,000,000원을 지급받고, 중도금 및 잔금 270,000,000원을 같은 해 00.00까지 받기로 하였습니다.

2. 그런데 위 계약을 체결한 이후, 채무자는 위 매매부동산 인근 지역이 개발지역으로 발전할 것이라는 이유로 위 매매계약을 무시하고 금 2억 원을 더 지급하여 줄 것을 요구하면서 중도금 및 잔금의 수령을 거부하며 억지를 부리고 있습니다.

3. 이에 채권자는 위 매매계약에 따른 채무자의 채무불이행을 원인으로 이건 지급명령의 송달로서 위 매매계약을 해제하고 매매계약금의 반환을 구하고자 이건 청구에 이른 것입니다.

첨 부 서 류

1. 매매계약서 사본   1 부
1. 계약금 은행입금표   1 부

2000. 00. 00.

채 권 자   손 ○ 철   (인)

광주지방법원   귀중

당 사 자 표 시

채 권 자   손○철 (000000-0000000)
          광주시 000구 000길 000, 00동 000호(00동, 0000아파트) (우:00000)
          H.P : 000-0000-0000

채 무 자   이○석 (000000-0000000)
          광주시 00구 00동 000-00   (우:00000)

매매계약금 반환 지급명령

청 구 취 지

채무자는 채권자에게 금 30,000,000원 및 이에 대한 이 건 지급명령정본 송달 다음날부터 완제일까지 연 12%의 비율에 의한 금원 및 아래 독촉절차비용을 지급하라.
라는 명령을 구합니다.

독촉절차비용   금000,000원
  내역 : 인지대 금00,000원, 송달료 금00,000원, 서기료 금000,000원

청 구 원 인

1. 채무자는 2000. 00. 00. 채권자에게 전남 ○○군 ○○면 ○○동 000번지

대 800평(이하 이건 부동산 이라고 한다.)을 금 300,000,000원에 매도하는 계약을 체결하고 계약당일 계약금으로 30,000,000원을 지급 받고, 중도금 및 잔금 270,000,000원을 같은 해 00.00까지 받기로 하였습니다.

2. 그런데 위 계약을 체결한 이후, 채무자는 위 매매부동산 인근 지역이 개발지역으로 발전할 것이라는 이유로 위 매매계약을 무시하고 금 2억 원을 더 지급하여 줄 것을 요구하면서 중도금 및 잔금의 수령을 거부하며 억지를 부리고 있습니다.

3. 이에 채권자는 위 매매계약에 따른 채무자의 채무불이행을 원인으로 이건 지급명령의 송달로서 위 매매계약을 해제하고 매매계약금의 반환을 구하고자 이건 청구에 이른 것입니다.

【유사사건 판례요지】

국토이용관리법상의 규제지역 내의 토지에 대하여 관할도지사의 허가를 받기 전에 체결한 매매계약은 처음부터 위 허가를 배제하거나 잠탈하는 내용의 계약일 경우에는 확정적으로 무효로서 유효화 될 여지가 없으나 이와 달리 허가받을 것을 전제로 한 계약일 경우에는 허가를 받을 때까지는 법률상의 미완성의 법률행위로서 소유권 등 권리의 이전에 관한 계약의 효력이 전혀 발생하지 않음은 위의 확정적 무효의 경우와 다를 바 없지만, 일단 허가를 받으면 그 계약은 소급하여 유효한 계약이 되고 이와 달리 불허가가 된 때에는 무효로 확정되므로 허가를 받기까지는 유동적 무효의 상태에 있다고 보아야 하며, 이러한 유동적 무효 상태에 있는 계약을 체결한 당사자는 쌍방이 그 계약이 효력이 있는 것으로 완성될 수 있도록 서로 협력할 의무가 있다.
(출처 : 대법원 1995. 4. 28. 선고 93다26397 판결)

[사례11] 임대차보증금 I (전부)

지급명령신청서

채 권 자   한○현 (000000-0000000)
          대구시 00구 00동 0000아파트 00동 000호   (우:00000)
          H.P : 000-0000-0000

채 무 자   서○수 (000000-0000000)
          대구시 00구 000길 00, 000동 0000호(00동, 00아파트) (우:00000)
          H.P : 000-0000-0000

임대차보증금반환 청구 지급명령

청 구 취 지

채무자는 채권자에게 금 100,000,000원 및 이에 대한 이 건 지급명령정본 송달 다음날부터 완제일까지 연 12%의 비율에 의한 금원 및 아래 독촉절차비용을 지급하라.
라는 명령을 구합니다.

독촉절차비용   금000,000원
   내역 : 인지대 금00,000원, 송달료 금00,000원, 서기료 금000,000원

청 구 원 인

1. 채권자는 채무자와 2000. 00. 00. 채무자 소유의 대구시 0구 00동 0000

의 OO 소재 주택 3층 전부에 대하여 임대차 보증금 100,000,000원, 임대기간을 2000. 00. 00.까지로 하는 부동산 임대차계약을 체결한 후 위 주택에 입주하여 거주하고 있습니다.

2. 그러던 중 2000. 00. 00. 임대차계약기간이 만료되어 채권자는 다른 곳으로 이사를 가기 위하여 채무자에게 이건 임대차계약을 해지하면서 임대차보증금의 반환을 구두로 요구하였으나 채무자는 현재에 이르기까지 차일피일 미루면서 반환을 지체하고 있습니다.

3. 이에 채권자는 2000. 00. 00.자 및 같은 달 00.자 내용증명우편에 의한 서면으로 임대차계약의 해지 및 임대차보증금의 반환청구를 거듭 촉구하였으나 채무자는 이에 응하지 아니하고 있으므로 부득이 청구취지와 같은 지급명령을 구하기 위하여 이 사건 신청에 이른 것입니다.

첨 부 서 류

1. 임대차계약서 사본   1 부
1. 내용증명   1 부

2000. 00. 00.

채 권 자   한 ○ 현   (인)

대구지방법원   귀중

당 사 자 표 시

채 권 자   한○현 (000000-0000000)
         대구시 00구 00동 0000아파트 00동 000호   (우:00000)
         H.P : 000-0000-0000

채 무 자   서○수 (000000-0000000)
         대구시 00구 000길 00, 000동 0000호(00동, 00아파트) (우:00000)
         H.P : 000-0000-0000

임대차보증금반환 청구 지급명령

청 구 취 지

채무자는 채권자에게 금 100,000,000원 및 이에 대한 이 건 지급명령정본 송달 다음날부터 완제일까지 연 12%의 비율에 의한 금원 및 아래 독촉절차비용을 지급하라.
라는 명령을 구합니다.

독촉절차비용   금000,000원
  내역 : 인지대 금00,000원, 송달료 금00,000원, 서기료 금000,000원

청 구 원 인

1. 채권자는 채무자와 2000. 00. 00. 채무자 소유의 대구시 0구 00동 0000의 00 소재 주택 3층 전부에 대하여 임대차 보증금 100,000,000원, 임대기간을 2000. 00. 00.까지로 하는 부동산 임대차계약을 체결한 후 위 주택에 입주하여 거주하고 있습니다.

2. 그러던 중 2000. 00. 00. 임대차계약기간이 만료되어 채권자는 다른 곳으로 이사를 가기 위하여 채무자에게 이건 임대차계약을 해지하면서 임대차보증금의 반환을 구두로 요구하였으나 채무자는 현재에 이르기까지 차일피일 미루면서 반환을 지체하고 있습니다.

3. 이에 채권자는 2000. 00. 00.자 및 같은 달 00.자 내용증명우편에 의한 서면으로 임대차계약의 해지 및 임대차보증금의 반환청구를 거듭 촉구하였으나 채무자는 이에 응하지 아니하고 있으므로 부득이 청구취지와 같은 지급명령을 구하기 위하여 이 사건 신청에 이른 것입니다.

【유사사건 판례요지】

임대차보증금 반환채권을 양도하는 경우에 확정일자 있는 증서로 이를 채무자에게 통지하거나 채무자가 확정일자 있는 증서로 이를 승낙하지 아니한 이상 양도로써 채무자 이외의 제3자에게 대항할 수 없으며(민법 제450조 참조), 이러한 법리는 임대차계약상의 지위를 양도하는 등 임대차계약상의 권리의무를 포괄적으로 양도하는 경우에 권리의무의 내용을 이루고 있는 임대차보증금 반환채권의 양도 부분에 관하여도 마찬가지로 적용된다. 따라서 위 경우에 기존 임차인과 새로운 임차인 및 임대인 사이에 임대차계약상의 지위 양도 등 권리의무의 포괄적 양도에 관한 계약이 확정일자 있는 증서에 의하여 체결되거나, 임대차보증금 반환채권의 양도에 대한 통지·승낙이 확정일자 있는 증서에 의하여 이루어지는 등의 절차를 거치지 아니하는 한, 기존의 임대차계약에 따른 임대차보증금 반환채권에 대하여 채권가압류명령, 채권압류 및 추심명령 등을 받은 채권자 등 임대차보증금 반환채권에 관하여 양수인의 지위와 양립할 수 없는 법률상의 지위를 취득한 제3자에 대하여는 임대차계약상의 지위 양도 등 권리의무의 포괄적 양도에 포함된 임대차보증금 반환채권의 양도로써 대항할 수 없다.
(출처 : 대법원 2017. 1. 25. 선고 2014다52933 판결)

[사례12] 임대보증금 II (일부)

지급명령신청서

채 권 자   박○용 (000000-0000000)
　　　　　대전시 00구 0000길 00, 000동 000호　　　　　　　(우:00000)
　　　　　H.P : 000-0000-0000

채 무 자   주식회사 00주택 (000000-0000000)
　　　　　대전시 00구 00동 000 00빌딩 2층　　　　　　　　(우:00000)
　　　　　대표이사 김○기

임대차보증금반환 청구 지급명령

청 구 취 지

채무자는 채권자에게 금 50,000,000원 및 이에 대한 2000. 00. 00.부터 이 사건 지급명령정본 송달일까지는 연 5%, 그 다음날부터 완제일까지는 연 12%의 각 비율에 의한 금원 및 다음의 독촉절차비용을 지급하라.
라는 명령을 구합니다.

독촉절차비용　　금000,000원
　내역 : 인지대 금00,000원, 송달료 금00,000원, 서기료 금000,000원

청 구 원 인

1. 임대차보증금 청구채권의 발생

　　채권자는 채무자와 2000. 00.경 채무자 소유의 대전시 0구 00동 000의

00 소재 주택에 대하여 보증금 70,000,000원에 임대기간을 2년으로 하는 부동산 임대차 계약을 체결한 후 위 주택에 입주하고 거주하여 오면서 위와 같은 조건으로 1회의 계약갱신이 있었고, 2000. 00. 00. 계약이 만료됨에 따라 채권자는 채무자에게 위 주택을 인도하였습니다.

2. 때문에 채무자는 채권자에게 임대차보증금을 반환하여야 할 것이나 임대차보증금 70,000,000원 중에서 금 20,000,000원 만을 반환한 체 나머지 잔여보증금 50,000,000원에 대하여는 차일피일 그 기간을 미루어 오면서 반환을 지체하고 있습니다.

3. 따라서 채무자는 채권자가 위 주택을 인도한 2000. 00. 00.부터 이 사건 지급명령 송달일까지는 민법소정의 연5%, 그 다음날부터 완제일까지는 소송촉진등에관한특례법 소정의 연12%의 각 비율에 의한 지연손해금을 지급할 의무가 있다할 것이므로 이를 구하기 위하여 이 사건 청구에 이르게 된 것입니다.

첨 부 서 류

1. 임대차계약서 사본   1 부
1. 통장사본   1 부
1. 법인등기부등본   1 부

2000. 00. 00.

채 권 자   박 ○ 용   (인)

대전지방법원 귀중

당 사 자 표 시

채 권 자   박○용 (000000-0000000)
           대전시 00구 0000길 00, 000동 000호   (우:00000)
           H.P : 000-0000-0000

채 무 자   주식회사 00주택 (000000-0000000)
           대전시 00구 00동 000 00빌딩 2층   (우:00000)
           대표이사 김○기

임대차보증금반환 청구 지급명령

청 구 취 지

채무자는 채권자에게 금 50,000,000원 및 이에 대한 2000. 00. 00.부터 이 사건 지급명령정본 송달일까지는 연 5%, 그 다음날부터 완제일까지는 연 12%의 각 비율에 의한 금원 및 다음의 독촉절차비용을 지급하라.
라는 명령을 구합니다.

독촉절차비용   금000,000원
  내역 : 인지대 금00,000원, 송달료 금00,000원, 서기료 금000,000원

청 구 원 인

1. 임대차보증금 청구채권의 발생

   채권자는 채무자와 2000. 00.경 채무자 소유의 대전시 0구 00동 000의 00 소재 주택에 대하여 보증금 70,000,000원에 임대기간을 2년으로 하는 부동산 임대차 계약을 체결한 후 위 주택에 입주하고 거주하여 오면서 위

같은 조건으로 1회의 계약갱신이 있었고, 2000. 00. 00. 계약이 만료됨에 따라 채권자는 채무자에게 위 주택을 인도하였습니다.

2. 때문에 채무자는 채권자에게 임대차보증금을 반환하여야 할 것이나 임대차보증금 70,000,000원 중에서 금 20,000,000원 만을 반환한 체 나머지 잔여보증금 50,000,000원에 대하여는 차일피일 그 기간을 미루어 오면서 반환을 지체하고 있습니다.

3. 따라서 채무자는 채권자가 위 주택을 인도한 2000. 00. 00.부터 이 사건 지급명령 송달일까지는 민법소정의 연5%, 그 다음날부터 완제일까지는 소송촉진등에관한특례법 소정의 연12%의 각 비율에 의한 지연손해금을 지급할 의무가 있다할 것이므로 이를 구하기 위하여 이 사건 청구에 이르게 된 것입니다.

【유사사건 판례요지】

상가건물 임대차보호법 제11조 제1항에서 "차임 또는 보증금이 임차건물에 관한 조세, 공과금, 그 밖의 부담의 증감이나 경제사정의 변동으로 인하여 상당하지 아니하게 된 경우에는 당사자는 장래의 차임 또는 보증금에 대하여 증감을 청구할 수 있다. 그러나 증액의 경우에는 대통령령으로 정하는 기준에 따른 비율을 초과하지 못한다."고 규정하고, 제2항에서 "제1항에 따른 증액 청구는 임대차계약 또는 약정한 차임 등의 증액이 있은 후 1년 이내에는 하지 못한다."고 규정하고 있는바, 위 규정은 임대차계약의 존속 중 당사자 일방이 약정한 차임 등의 증감을 청구한 경우에 한하여 적용되고, 임대차계약이 종료한 후 재계약을 하거나 임대차계약 종료 전이라도 당사자의 합의로 차임 등을 증액하는 경우에는 적용되지 않는다.
(출처 : 대법원 2014. 2. 13. 선고 2013다80481 판결)

[사례13] 임대료

지급명령신청서

채 권 자 강○석 (000000-0000000)
　　　　　서울 00구 000길 00, 00동 000호(00동,0000아파트)　　(우:00000)
　　　　　H.P : 000-0000-0000

채 무 자 양○철 (000000-0000000)
　　　　　경기도 여주시 00로 00번길 00 00빌라 000호　　(우:00000)
　　　　　H.P : 000-0000-0000

임대료 청구 지급명령

청 구 취 지

채무자는 채권자에게 금 5,000,000원 및 이에 대한 지급명령정본 송달 다음날부터 완제일까지 연 12%의 비율에 의한 금원 및 다음 독촉절차비용을 지급하라. 라는 명령을 구합니다.

독촉절차비용　　금000,000원
　내역 : 인지대 금0,000원, 송달료 금00,000원, 서기료 금000,000원

청 구 원 인

1. 채권자는 경기도 여주시 00로 00번길 00 00빌라 000호 주택의 소유자이고, 채무자는 위 주택을 임차하여 얻어 거주 및 사용하고 있는 자입니다.

2. 채무자는 채권자와 2000. 00. 00. 위 주택에 대한 임대차계약(보증금 10,000,000원, 월세 500,000원)을 체결하고 입주한 이후 2000. 00. 00. 부터 월세 500,000원을 매월 25.에 지급하기로 하였음에도, 입주 후 현재까지 10개월이 경과하였음에도 위 임대료를 지급하지 않고 있습니다.

3. 채권자는 그 동안 수차례 내용증명을 보내고, 전화를 하여 연체된 임대료를 지급할 것을 수차에 걸쳐 독촉하였으나, 채무자는 차일피일 미루면서 밀린 임대료를 지급하지 않을 뿐 아니라, 최근에는 핸드폰조차도 두절시키고 연락을 취하지 않아 채권자는 막대한 피해를 입고 있어, 부득이 이 사건 지급명령을 신청하게 되었습니다.

첨 부 서 류

1. 임대차계약서   1 부
1. 통장사본   1 부
1. 내용증명   3 부

2000. 00. 00.

채 권 자   강 ○ 석   (인)

수원지방법원 여주지원   귀중

당 사 자 표 시

채 권 자   강○석 (000000-0000000)
　　　　　 서울 00구 000길 00, 00동 000호(00동,0000아파트)　　(우:00000)
　　　　　 H.P : 000-0000-0000

채 무 자   양○철 (000000-0000000)
　　　　　 경기도 여주시 00로 00번길 00 00빌라 000호　　(우:00000)
　　　　　 H.P : 000-0000-0000

임대료 청구 지급명령

청 구 취 지

채무자는 채권자에게 금5,000,000원 및 이에 대한 지급명령정본 송달 다음날부터 완제일까지 연 12%의 비율에 의한 금원 및 다음 독촉절차비용을 지급하라. 라는 명령을 구합니다.

독촉절차비용　　금000,000원
　　내역 : 인지대 금0,000원, 송달료 금00,000원, 서기료 금000,000원

청 구 원 인

1. 채권자는 경기도 여주시 00로 00번길 00 00빌라 000호 주택의 소유자이고, 채무자는 위 주택을 임차하여 거주 및 사용하고 있는 자입니다.

2. 채무자는 채권자와 2000. 00. 00. 위 주택에 대한 임대차계약(보증금 10,000,000원, 월세 500,000원)을 체결하고 입주한 이후 2000.00.00.부터 월세 500,000원을 매월 25.에 지급하기로 하였음에도, 입주 후 현재까지 10개월이 경과하였음에도 위 임대료를 지급하지 않고 있습니다.

3. 채권자는 그 동안 수차례 내용증명을 보내고, 전화를 하여 연체된 임대료를 지급할 것을 수차에 걸쳐 독촉하였으나, 채무자는 차일피일 미루면서 밀린 임대료를 지급하지 않을 뿐 아니라, 최근에는 핸드폰조차도 두절시키고 연락을 취하지 않아 채권자는 막대한 피해를 입고 있어, 부득이 이 사건 지급명령을 신청하게 되었습니다.

【유사사건 판례요지】

구 임대주택법(2008. 2. 29. 법률 제8852호로 개정되기 전의 것, 이하 같다) 제18조 제1항, 제3항과 그 시행규칙(2008. 6. 20. 국토해양부령 제19호로 전부 개정되기 전의 것) 제8조 제1항, 제2항 [별지 제10호 서식](표준임대차계약서)에 의하면, 위 법률의 적용을 받는 임대주택의 임대사업자는 표준임대차계약서 제10조 제1항의 각 호에 해당하는 사유가 있으면 임대차계약을 해지할 수 있도록 되어 있고, 제4호에는 임차인이 임대료를 '3월 이상' 연속하여 연체한 경우가 해지사유의 하나로 규정되어 있다.

여기에 규정된 '3월 이상'은 3개월 이상 연속되어야 하므로 연체횟수가 3회 이상이어야 한다는 것은 의문의 여지가 없다. 그런데 만약 '3월 이상'이 연체횟수만을 의미할 뿐 연체금액의 의미는 배제된다고 보게 되면, 일반적인 임대차에 적용되는 민법 제640조가 "차임연체액이 2기의 차임액에 달하는 때"를 해지사유로 규정한 것과 대비하여 임대주택의 임차인이 오히려 더 불리하게 되는 경우가 발생할 수 있다. 이는 임대주택법의 적용 대상인 임대차계약에 대하여 해지사유를 더 엄격하게 제한하고 있는 입법취지에 배치되므로, '3월 이상'은 연체횟수뿐 아니라 연체금액에서도 3개월분 이상이 되어야 한다는 뜻으로 새기는 것이 옳다.

다른 한편 위 해지사유는 '3월 이상' 연속 연체로 규정되어 있을 뿐 매월 지급할 임대료 전액을 '3월 이상' 연속하여 연체할 것을 요건으로 하고 있지는 않다. 그러므로 매월 임대료 중 일부씩을 3개월 이상 연속하여 연체한 때에도 전체 연체액 합계가 3개월분 임대료 이상이 되는 경우에는 해지사유에 해당한다. 그와 같이 새기더라도 민법상 일반 임대차보다 임차인에게 불리하지 않고, 이와 달리 매월 임대료의 일부씩만 연체한 경우에는 합계 금액이 아무리 늘어나도 해지를 할 수 없다고 해서는 임대사업자의 지위를 지나치게 불리하게 하는 결과가 되기 때문이다.

(출처 : 대법원 2016. 11. 18. 선고 2013다42236 전원합의체 판결)

[사례14] 전세금

지급명령신청서

채 권 자   유○길 (000000-0000000)
           수원시 00구 00동 000-00 00빌딩 5층 501호   (우:00000)
           연락처 : 000-0000-0000

채 무 자   이○경 (000000-0000000)
           경기도 오산시 00동 000-0 00연립 000호   (우:00000)

전세보증금반환 청구 지급명령

청 구 취 지

채무자는 채권자에게 금 120,000,000원 및 이에 대한 2000. 00. 00.부터 이 사건 지급명령정본 송달일까지는 연 5%, 그 다음날부터 완제일까지는 연 12%의 각 비율에 의한 금원 및 다음의 독촉절차비용을 지급하라.
라는 명령을 구합니다.

독촉절차비용   금000,000원
   내역 : 인지대 금00,000원, 송달료 금00,000원, 서기료 금000,000원

청 구 원 인

1. 채무자는 2000. 00. 00.경 채권자와의 사이에 채무자 소유의 경기도 오산시 00동 000-0 00연립 000호 주택에 대하여 보증금 120,000,000원에 기간을 2년으로 하는 부동산 전세계약을 체결하였고, 이후 채권자는 위 주

택에 입주하고 거주하여 오면서 위와 같은 조건으로 2회의 계약갱신이 있었고, 2000. 00. 00. 계약이 만료됨에 따라 채권자는 채무자에게 위 주택을 인도하였습니다.

2. 채권자가 위 주택을 인도하기 전에 채무자는 위 주택을 채권자가 먼저 인도하여 주면 다음날 위 전세보증금을 채권자의 통장으로 입금하여 주겠다고 약속하였으나, 채무자는 그 약속을 이행하지 않았습니다. 그 후 수차례에 걸쳐 채권자는 채무자에게 위 보증금 반환을 요청하였으나 채무자는 차일피일 그 기간을 미루어 오면서 반환을 지체하고 있습니다.

3. 따라서 채무자는 채권자가 위 주택을 인도한 2000. 00. 00.부터 이 사건 지급명령 송달일까지는 민법소정의 연5%, 그 다음날부터 완제일까지는 소송촉진등에관한특례법 소정의 연15%의 각 비율에 의한 지연손해금을 채권자에게 지급할 의무가 있다할 것이므로 이를 구하기 위하여 이 사건 청구에 이르게 된 것입니다.

첨 부 서 류

1. 임대차계약서 사본   1 부
1. 주민등록초본   1 부

2000. 00. 00.

채 권 자   유 ○ 길   (인)

수원지방법원 오산시법원 귀중

당 사 자 표 시

채 권 자   유○길 (000000-0000000)
              수원시 00구 00동 000-00 00빌딩 5층 501호   (우:00000)
              연락처 : 000-0000-0000

채 무 자   이○경 (000000-0000000)
              경기도 오산시 00동 000-0 00연립 000호   (우:00000)

전세보증금반환 청구 지급명령

청 구 취 지

채무자는 채권자에게 금 120,000,000원 및 이에 대한 2000. 00. 00.부터 이 사건 지급명령정본 송달일까지는 연 5%, 그 다음날부터 완제일까지는 연 12%의 각 비율에 의한 금원 및 다음의 독촉절차비용을 지급하라.
라는 명령을 구합니다.

독촉절차비용   금000,000원
   내역 : 인지대 금00,000원, 송달료 금00,000원, 서기료 금000,000원

청 구 원 인

1. 채무자는 2000. 00. 00.경 채권자와의 사이에 채무자 소유의 경기도 오산시 00동 000-0 00연립 000호 주택에 대하여 보증금 120,000,000원에 기간을 2년으로 하는 부동산 전세계약을 체결하였고, 이후 채권자는 위 주택에 입주하고 거주하여 오면서 위와 같은 조건으로 2회의 계약갱신이 있었고, 2000. 00. 00. 계약이 만료됨에 따라 채권자는 채무자에게 위 주택을 인도하였습니다.

2. 채권자가 위 주택을 인도하기 전에 채무자는 위 주택을 채권자가 먼저 인도하여 주면 다음날 위 전세보증금을 채권자의 통장으로 입금하여 주겠다고 약속하였으나, 채무자는 그 약속을 이행하지 않았습니다. 그 후 수차례에 걸쳐 채권자는 채무자에게 위 보증금 반환을 요청하였으나 채무자는 차일피일 그 기간을 미루어 오면서 반환을 지체하고 있습니다.

3. 따라서 채무자는 채권자가 위 주택을 인도한 2000. 00. 00.부터 이 사건 지급명령 송달일까지는 민법소정의 연5%, 그 다음날부터 완제일까지는 소송촉진등에관한특례법 소정의 연15%의 각 비율에 의한 지연손해금을 채권자에게 지급할 의무가 있다할 것이므로 이를 구하기 위하여 이 사건 청구에 이르게 된 것입니다.

【유사사건 판례요지】

전세권이 성립한 후 목적물의 소유권이 이전되는 경우에 있어서 전세권 관계가 전세권자와 전세권설정자인 종전 소유자와 사이에 계속 존속되는 것인지 아니면 전세권자와 목적물의 소유권을 취득한 신 소유자와 사이에 동일한 내용으로 존속되는지에 관하여 민법에 명시적인 규정은 없으나, 전세목적물의 소유권이 이전된 경우 민법이 전세권 관계로부터 생기는 상환청구, 소멸청구, 갱신청구, 전세금증감청구, 원상회복, 매수청구 등의 법률관계의 당사자로 규정하고 있는 전세권설정자 또는 소유자는 모두 목적물의 소유권을 취득한 신 소유자로 새길 수밖에 없다고 할 것이므로, 전세권은 전세권자와 목적물의 소유권을 취득한 신 소유자 사이에서 계속 동일한 내용으로 존속하게 된다고 보아야 할 것이고, 따라서 목적물의 신 소유자는 구 소유자와 전세권자 사이에 성립한 전세권의 내용에 따른 권리의무의 직접적인 당사자가 되어 전세권이 소멸하는 때에 전세권자에 대하여 전세권설정자의 지위에서 전세금반환의무를 부담하게 되고, 구 소유자는 전세권설정자의 지위를 상실하여 전세금반환의무를 면하게 된다고 보아야 하고, 전세권이 전세금 채권을 담보하는 담보물권적 성질을 가지고 있다고 하여도 전세권은 전세금이 존재하지 않으면 독립하여 존재할 수 없는 용익물권으로서 전세금은 전세권과 분리될 수 없는 요소이므로 전세권 관계로 생기는 위와 같은 법률관계가 신 소유자에게 이전되었다고 보는 이상, 전세금 채권 관계만이 따로 분리되어 전 소유자와 사이에 남아 있다고 할 수는 없을 것이고, 당연히 신 소유자에게 이전되었다고 보는 것이 옳다.
(출처 : 대법원 2000. 6. 9. 선고 99다15122 판결)

[사례15] 관리비 I (원룸)

지급명령신청서

채 권 자　조○석 (000000-0000000)
　　　　　인천시 00구 00동 000　　　　　　　　　　　　(우:00000)
　　　　　H.P : 000-0000-0000

채 무 자　지○숙 (000000-0000000)
　　　　　경기도 의정부시 00로 00　000원룸 503호　　　(우:00000)

관리비 청구 지급명령

청 구 취 지

채무자는 채권자에게 금 2,100,000원 및 이에 대한 지급명령정본 송달 다음날부터 완제일까지 연 12%의 비율에 의한 금원 및 다음 독촉절차비용을 지급하라. 라는 명령을 구합니다.

독촉절차비용　　금000,000원
　내역 : 인지대 금0,000원, 송달료 금00,000원, 서기료 금000,000원

청 구 원 인

1. 채권자는 경기도 의정부시 00로 00　000원룸 503호 원룸의 소유자이고, 채무자는 위 원룸에 입주한 세입자입니다.

2. 채무자는 채권자와 2000. 00. 00경 위 원룸에 대한 임대차계약을 체결하면

서 위 원룸에 매월 부과되는 관리비(전기세, 수도료 포함)를 매월 27. 지급키로 약정하였습니다. 그 후 입주한 채무자는 2000. 00.까지만 위 관리비를 납부하고, 그 다음 달부터는 현재까지 위 관리비를 납부하지 않고 있습니다.

3. 채권자는 채무자가 채권자 원룸의 세입자이고, 가능하면 원만하게 해결하기 위해 내용증명을 5차례나 보내고, 수많은 전화통화로 위 관리비의 납부를 독촉하였으나, 채무자는 일체의 관리비를 납부하지 않고 있습니다.

4. 그동안 채무자는 매월 30만 원의 월세는 매달 납부하고 있으나, 관리비가 비싸다는 등의 터무니없는 말과 불성실한 태도로 일관하며 위 관리비를 납부하지 않고 있기에 채권자는 부득이 이 사건 청구에 이르게 되었습니다.

첨 부 서 류

1. 임대차계약서   1 부
1. 관리비청구서   11 부
1. 내용증명   5 부

2000. 00. 00.

채 권 자   조 ○ 석   (인)

의정부지방법원   귀중

당 사 자 표 시

채 권 자   조○석 (000000-0000000)
            인천시 00구 00동 000   (우:00000)
            H.P : 000-0000-0000

채 무 자   지○숙 (000000-0000000)
            경기도 의정부시 00로 00 000원룸 503호   (우:00000)

관리비 청구 지급명령

청 구 취 지

채무자는 채권자에게 금 2,100,000원 및 이에 대한 지급명령정본 송달 다음날부터 완제일까지 연 12%의 비율에 의한 금원 및 다음 독촉절차비용을 지급하라. 라는 명령을 구합니다.

독촉절차비용   금000,000원
  내역 : 인지대 금0,000원, 송달료 금00,000원, 서기료 금000,000원

청 구 원 인

1. 채권자는 경기도 의정부시 00로 00 000원룸 503호 원룸의 소유자이고, 채무자는 위 원룸에 입주한 세입자입니다.

2. 채무자는 채권자와 2000. 00. 00.경 위 원룸에 대한 임대차계약을 체결하면서 위 원룸에 매월 부과되는 관리비(전기세, 수도료 포함)를 매월 27. 지급키로 약정하였습니다. 그 후 입주한 채무자는 2000. 00.까지만 위 관리비를 납부하고, 그 다음 달부터는 현재까지 위 관리비를 납부하지 않고 있습니다.

3. 채권자는 채무자가 채권자 원룸의 세입자이고, 가능하면 원만하게 해결하기 위해 내용증명을 5차례나 보내고, 수많은 전화통화로 위 관리비의 납부를 독촉하였으나, 채무자는 일체의 관리비를 납부하지 않고 있습니다.

4. 그동안 채무자는 매월 30만 원의 월세는 매달 납부하고 있으나, 관리비가 비싸다는 등의 터무니없는 말과 불성실한 태도로 일관하며 위 관리비를 납부하지 않고 있기에 채권자는 부득이 이 사건 청구에 이르게 되었습니다.

【유사사건 판례요지】

대규모점포의 효율적이고 통일적인 유지·관리를 통하여 상거래질서 확립, 소비자 보호 등을 도모하려는 유통산업발전법의 입법 목적과 취지 등에 비추어 보면, 집합건물의 소유 및 관리에 관한 법률상의 집합건물인 대규모점포에 관하여 관리단이 관리비 부과·징수 업무를 포함한 건물의 유지·관리 업무를 수행하여 오던 중 대규모점포관리자가 적법하게 설립되어 신고절차를 마치는 등으로 새로이 관리비 부과·징수권한을 가지게 된 경우에는 그때부터 대규모점포관리자의 권한에 속하게 된 범위에서 관리단이 가지던 관리비 부과·징수권한은 상실된다.
(출처 : 대법원 2016. 3. 10. 선고 2014다46570 판결)

[사례16] 관리비 II (상가점포)

지급명령신청서

채 권 자   주식회사 00000 (000000-0000000)
　　　　　 인천시 00구 00동 000　　　　　　　　　　　　　(우:00000)
　　　　　 대표이사 서○기
　　　　　 H.P : 000-0000-0000

채 무 자   최○성 (000000-0000000)
　　　　　 서울 00구 000길 00-00, 000동 0000호(00동,000아파트) (우:00000)

관리비 청구 지급명령

청 구 취 지

채무자는 채권자에게 금 4,500,000원 및 이에 대한 지급명령정본 송달 다음날부터 완제일까지 연 12%의 비율에 의한 금원 및 다음 독촉절차비용을 지급하라. 라는 명령을 구합니다.

독촉절차비용　　금000,000원
　내역 : 인지대 금0,000원, 송달료 금00,000원, 서기료 금000,000원

청 구 원 인

1. 채권자는 서울 00구 000길 00, 000상가 소유자이고, 채무자는 위 상가 103호에 입주하여 00커피숍을 운영하고 있는 상가 세입자입니다.

2. 채무자는 채권자와 2000. 00. 00.경 위 점포에 대한 상가임대차계약을 체

결하면서 위 점포에 매월 부과되는 관리비(전기세, 수도료 가스비 포함)를 매월 25. 지급키로 약정하면서, 위 점포에 대한 관리비를 연체하는 경우에는 연 22%의 지연손해금을 지급하기로 계약하였고, 위 상가의 관리규약에도 그 내용은 기재되어 있습니다.

3. 그런데 채무자는 위 점포에 입주한 이후 2000. 00.까지는 위 관리비를 납부하였으나, 그 다음 달부터는 현재까지 위 관리비를 납부하지 않아 그 관리비의 합계액이 4,500,000원에 이르고 있습니다.

4. 채권자는 채무자가 채권자 상가의 세입자이므로 가능하면 원만하게 해결하기 위해 내용증명을 2차례나 보내고, 수많은 전화통화로 위 관리비의 납부를 독촉하였으나, 채무자는 일체의 관리비를 납부하지 않고 있어 부득이 이건 청구에 이르게 되었습니다.

첨 부 서 류

1. 상가임대차계약서　　　　　　　　　　　　　　　　1부
1. 관리비청구서　　　　　　　　　　　　　　　　　　11부
1. 내용증명　　　　　　　　　　　　　　　　　　　　2부
1. 관리규약　　　　　　　　　　　　　　　　　　　　1부
1. 법인등기부등본　　　　　　　　　　　　　　　　　1부

2000. 00. 00.

채 권 자　　주식회사 00000
　　　　　　대표이사　서○기　　　(인)

서울동부지방법원　귀중

당 사 자 표 시

채 권 자   주식회사 00000 (000000-0000000)
　　　　　인천시 00구 00동 000　　　　　　　　　　　(우:00000)
　　　　　대표이사 서○기
　　　　　H.P : 000-0000-0000

채 무 자   최○성 (000000-0000000)
　　　　　서울 00구 000길 00-00, 000동 0000호(00동,000아파트) (우:00000)

관리비 청구 지급명령

청 구 취 지

채무자는 채권자에게 금 4,500,000원 및 이에 대한 지급명령정본 송달 다음날부터 완제일까지 연 12%의 비율에 의한 금원 및 다음 독촉절차비용을 지급하라. 라는 명령을 구합니다.

독촉절차비용　　금000,000원
　　내역 : 인지대 금0,000원, 송달료 금00,000원, 서기료 금000,000원

청 구 원 인

1. 채권자는 서울 00구 000길 00, 000상가 소유자이고, 채무자는 위 상가 103호에 입주하여 00커피숍을 운영하고 있는 상가 세입자입니다.

2. 채무자는 채권자와 2000. 00. 00.경 위 점포에 대한 상가임대차계약을 체결하면서 위 점포에 매월 부과되는 관리비(전기세, 수도료 가스비 포함)를

매월 25. 지급키로 약정하면서, 위 점포에 대한 관리비를 연체하는 경우에는 연 22%의 지연손해금을 지급하기로 계약하였고, 위 상가의 관리규약에도 그 내용은 기재되어 있습니다.

3. 그런데 채무자는 위 점포에 입주한 이후 2000. 00.까지는 위 관리비를 납부하였으나, 그 다음 달부터는 현재까지 위 관리비를 납부하지 않아 그 관리비의 합계액이 금 4,500,000원에 이르고 있습니다.

4. 채권자는 채무자가 채권자 상가의 세입자이므로 가능하면 원만하게 해결하기 위해 내용증명을 2차례나 보내고, 수많은 전화통화로 위 관리비의 납부를 독촉하였으나, 채무자는 일체의 관리비를 납부하지 않고 있어 부득이 이건 청구에 이르게 되었습니다.

【유사사건 판례요지】

집합건물의 소유 및 관리에 관한 법률 제18조에서는 공유자가 공용부분에 관하여 다른 공유자에 대하여 가지는 채권은 그 특별승계인에 대하여도 행사할 수 있다고 규정하고 있는데, 이는 집합건물의 공용부분은 전체 공유자의 이익에 공여하는 것이어서 공동으로 유지·관리되어야 하고 그에 대한 적정한 유지·관리를 도모하기 위하여는 소요되는 경비에 대한 공유자 간의 채권은 이를 특히 보장할 필요가 있어 공유자의 특별승계인에게 그 승계의사의 유무에 관계없이 청구할 수 있도록 하기 위하여 특별규정을 둔 것이므로, 전(전) 구분소유자의 특별승계인에게 전 구분소유자의 체납관리비를 승계하도록 한 관리규약 중 공용부분 관리비에 관한 부분은 위와 같은 규정에 터 잡은 것으로 유효하다.
(출처 : 대법원 2006. 6. 29. 선고 2004다3598,3604 판결)

[사례17] 급료

지급명령신청서

채 권 자   홍○석 (000000-0000000)
　　　　　서울 노원구 000길 00, 000동 000호(00동,00아파트)　(우:00000)
　　　　　연락처 : 000-0000-0000

채 무 자   주식회사 0000 (000000-0000000)
　　　　　서울 동대문구 00동 000　　　　　　　　　　　　　(우:00000)
　　　　　대표이사 최○철

급료 청구 지급명령

청 구 취 지

채무자는 채권자에게 금 8,900,000원 및 이에 대하여 지급명령정본 송달 다음 날부터 완제일까지 연 12% 비율에 의한 금원 및 다음의 독촉절차비용을 지급하라.
라는 명령을 구합니다.

독촉절차비용　금000,000원
　내역 : 인지대 금0,000원, 송달료 금00,000원, 서기료 금000,000원

청 구 원 인

1. 채무자는 약품의 제조판매를 업으로 하는 법인이고, 채권자는 2000. 00.

00.부터 채무자 회사의 제품 판매를 담당하는 영업사원으로 월 금 250만 원의 급료를 받기로 하고 기간의 정함이 없이 고용된 직원이였습니다.

2. 채무자는 2000.00.00. 채권자를 해고하였으나 그런데 채권자는 2000. 00. 경부터 4개월 간의 급료 1,000만 원 중에 금 110만 원만 해고하면서 채권자에게 지급하였고, 나머지 금액 890만 원은 지급하지 않았습니다. 때문에 채무자는 채권자에게 위 급료를 지급할 의무가 있다할 것입니다.

3. 하지만 채무자는 위 급료를 6개 월이 지나도록 지급하지 않았고, 채권자가 수차에 걸쳐 내용증명과 전화통화로 그 지급을 독촉하였으나 별다른 이유도 없이 차일피일 미루기만 하여 채권자는 부득이 이 사건 청구에 이르렀습니다.

첨 부 서 류

1. 재직증명서	1 부
1. 내용증명 우편	1 부
1. 임금체불확인서	1 부
1. 법인등기부등본	1 부

2000. 00. 00.

채 권 자   홍 ○ 석   (인)

서울북부지방법원   귀중

당 사 자 표 시

채 권 자 홍○석 (000000-0000000)
　　　　　서울 노원구 000길 00, 000동 000호(00동,00아파트)　　(우:00000)
　　　　　연락처 : 000-0000-0000

채 무 자 주식회사 0000 (000000-0000000)
　　　　　서울 동대문구 00동 000　　　　　　　　　　　　　　(우:00000)
　　　　　대표이사 최○철

급료 청구 지급명령

청 구 취 지

채무자는 채권자에게 금 8,900,000원 및 이에 대하여 지급명령정본 송달 다음 날부터 완제일까지 연 12% 비율에 의한 금원 및 다음의 독촉절차비용을 지급하라.
라는 명령을 구합니다.

독촉절차비용　　금000,000원
　내역 : 인지대 금0,000원, 송달료 금00,000원, 서기료 금000,000원

청 구 원 인

1. 채무자는 약품의 제조판매를 업으로 하는 법인이고, 채권자는 2000. 00. 00.부터 채무자 회사의 제품 판매를 담당하는 영업사원으로 월 금 250만

원의 급료를 받기로 하고 기간의 정함이 없이 고용된 직원이였습니다.

2. 채무자는 2000.00.00. 채권자를 해고하였으나 그런데 채권자는 2000. 00. 경부터 4개월 간의 급료 1,000만 원 중에 금 110만 원만 해고하면서 채권자에게 지급하였고, 나머지 금액 890만 원은 지급하지 않았습니다. 때문에 채무자는 체권자에게 위 급료를 지급할 의무가 있다할 것입니다.

3. 하지만 채무자는 위 급료를 6개 월이 지나도록 지급하지 않았고, 채권자가 수차에 걸쳐 내용증명과 전화통화로 그 지급을 독촉하였으나 별다른 이유도 없이 차일피일 미루기만 하여 채권자는 부득이 이 사건 청구에 이르렀습니다.

【유사사건 판례요지】

일반적인 일·숙직 근무가 주로 감시, 경비, 긴급보고의 수수 등의 업무를 그 내용으로 하고 있는 것과는 달리, 대학병원의 임상병리사, 방사선사, 약사 및 간호사 등이 당직 근무 중에 수행하는 업무의 내용이 주로 방사선 촬영, 병리검사, 투약, 긴급한 수술의 보조 등의 진료업무를 그 내용으로 하고 있고 그 내용과 질에 있어서 통상근무의 태양과 마찬가지라고 인정될 때에는, 당직근무를 통상의 근무로 보아 이에 대하여 통상임금 및 근로기준법 제46조 소정의 가산임금을 지급하여야 하고, 당직근무가 전체적으로 보아 근무의 밀도가 낮은 대기성의 단속적 업무에 해당하는 경우에도 실제로 방사선 촬영, 병리검사, 투약, 긴급한 수술의 보조 등의 업무에 종사한 시간에 대하여는 같은 법 소정의 임금을 가산하여 지급하여야 한다.
(출처 : 대법원 1996. 6. 28. 선고 94다14742 판결)

[사례18] 노임

지급명령신청서

채 권 자   권○길 (000000-0000000)
           서울 노원구 000길 00, 000동 000호(00동,00아파트)   (우:00000)
           연락처 : 000-0000-0000

채 무 자   이○희 (000000-0000000)
           서울 강서구 00동 000 0000유통   (우:00000)
           연락처 : 000-0000-0000

노임 청구 지급명령

청 구 취 지

채무자는 채권자에게 금 2,100,000원 및 이에 대하여 지급명령정본 송달 다음 날부터 완제일까지 연 12% 비율에 의한 금원 및 다음의 독촉절차비용을 지급하라.
라는 명령을 구합니다.

독촉절차비용   금000,000원
  내역 : 인지대 금0,000원, 송달료 금00,000원, 서기료 금000,000원

청 구 원 인

1. 채무자는 위 주소지에서 "0000유통"이라는 상호로 유통업을 하는 자이고,

채권자는 채무자에게 고용되어 일하던 일용직 근로자입니다.

2. 채권자와 채무자는 2000. 00. 00.부터 채무자 업체의 창고정리 및 물품 운반을 하는 노무를 제공하는 일용직근로계약을 하고 하루 10만 원의 노임을 지급키로 하였습니다. 이에 채권자는 위 계약 당일부터 근무하여 21일 간 노무를 제공하였습니다.

3. 그런데 위 창고의 정리 및 물품 운반작업이 완료되자 채무자는 채권자에게 내일부터 나오지 말라는 말만하고 그때까지의 노임을 주지 않고 있어, 채권자는 수차례에 걸쳐 채무자를 찾아가 위 노임을 지급해 줄 것을 사정하였습니다. 하지만 채무자는 위 노임의 지급을 차일피일 미루기만 하고 그 돈을 주지 않아 결국 채권자는 부득이 이 사건 청구에 이르게 되었습니다.

첨 부 서 류

1. 노임확인서   1 부
1. 사업자등록증   1 부

2000. 00. 00.

채 권 자   권○길   (인)

서울남부지방법원 귀중

당 사 자 표 시

채 권 자   권○길 (000000-0000000)
            서울 노원구 000길 00, 000동 000호(00동,00아파트)   (우:00000)
            연락처 : 000-0000-0000

채 무 자   이○희 (000000-0000000)
            서울 강서구 00동 000 0000유통   (우:00000)
            연락처 : 000-0000-0000

노임 청구 지급명령

청 구 취 지

채무자는 채권자에게 금 2,100,000원 및 이에 대하여 지급명령정본 송달 다음 날부터 완제일까지 연 12% 비율에 의한 금원 및 다음의 독촉절차비용을 지급하라.
라는 명령을 구합니다.

독촉절차비용   금000,000원
  내역 : 인지대 금0,000원, 송달료 금00,000원, 서기료 금000,000원

청 구 원 인

1. 채무자는 위 주소지에서 "0000유통"이라는 상호로 유통업을 하는 자이고, 채권자는 채무자에게 고용되어 일하던 일용직 근로자입니다.

2. 채권자와 채무자는 2000. 00. 00.부터 채무자 업체의 창고정리 및 물품 운반을 하는 노무를 제공하는 일용직근로계약을 하고 하루 10만 원의 노임을 지급키로 하였습니다. 이에 채권자는 위 계약 당일부터 근무하여 21일 간 노무를 제공하였습니다.

3. 그런데 위 창고의 정리 및 물품 운반작업이 완료되자 채무자는 채권자에게 내일부터 나오지 말라는 말만하고 그때까지의 노임을 주지 않고 있어, 채권자는 수차례에 걸쳐 채무자를 찾아가 위 노임을 지급해 줄 것을 사정하였습니다. 하지만 채무자는 위 노임의 지급을 차일피일 미루기만 하고 그 돈을 주지 않아 결국 채권자는 부득이 이 사건 청구에 이르게 되었습니다.

【유사사건 판례요지】

도급인이 수급인과의 사이에 수급인이 그가 고용한 근로자들에 대한 노임지급을 지체한 경우 도급인이 수급인에 대한 기성공사대금에서 노임 상당액을 공제하여 근로자들에게 직접 지불할 수 있다고 약정하였다면, 수급인이 근로자들에게 노임지급을 지체한 상태에서 도급인에게 기성공사대금의 지급을 구할 경우 도급인으로서는 위 약정에 따라 적어도 수급인이 근로자들에게 노임을 지급할 때까지는 기성공사대금 중 수급인이 지체한 노임 상당액의 지급을 거절할 수 있다 할 것이므로, 수급인의 도급인에 대한 위 기성공사대금채권은 도급인이 위와 같이 일정한 경우 그 지급을 거절할 수 있는 항변권이 부착되어 있는 채권이라고 할 수 있을 것이고, 따라서 위 채권을 자동채권으로 한 상계는 허용될 수 없다고 한 사례
(출처 : 대법원 2002. 8. 23. 선고 2002다25242 판결)

[사례19] 퇴직금

지급명령신청서

채 권 자   전○식 (000000-0000000)
            서울 00구 000길 00, 000동 000호(00동,00아파트)   (우:00000)
            연락처 : 000-0000-0000

채 무 자   0000 주식회사 (000000-0000000)
            서울 00구 000길 000(00동,00빌딩)   (우:00000)
            대표이사 심○호

퇴직금 청구 지급명령

청 구 취 지

채무자는 채권자에게 금 17,948,677원 및 이에 대한 2000. 00. 00.부터 2000. 00. 00.까지는 연5%, 그 다음날부터 다 갚는 날까지는 연 20%의 비율 의한 금원 및 다음의 독촉절차비용을 지급하라.
라는 명령을 구합니다.

독촉절차비용   금000,000원
   내역 : 인지대 금0,000원, 송달료 금00,000원, 서기료 금000,000원

청 구 원 인

1. 당사자들의 지위

   채무자는 서울 00구 00동 000 소재 000학원을 운영하는 법인이고, 채권자는 동 학원에서 2000. 00. 00.부터 2000. 00. 00.까지 강사로 근무하다가 퇴직한 자로서 채무자에 대하여 다음과 같은 퇴직금 채권이 있습니다.

2. 채권자의 평균임금 및 퇴직금

   가. 채권자의 평균임금

   (1) 채권자는 채무자로부터 퇴직 전 최근 3개월 동안 월 금 5,220,000원의 임금을 지급받았습니다(기본급 3,520,000원, 담임수당 700,000원, 방송수당 1,000,000원).

   (2) 임금계산기간

   2000. 00. 00. ~ 2000. 00. 00. (24일) - 월 급여 금4,041,290원,
   2000. 00. 00. ~ 2000. 00. 00. (30일) - 월 급여 금5,220,000원,
   2000. 00. 00. ~ 2000. 00. 00. (31일) - 월 급여 금5,220,000원,
   2000. 00. 00. ~ 2000. 00. 00. (7일) - 월 급여 금1,178,710원.
   도합 92일 : 총 급여 15,660,000원입니다.

   (3) 그러므로 채권자의 평균임금은 170,217원(15,660,000원/92일)이 됩니다.

   나. 채권자의 퇴직금

   (1) 채권자는 2000. 00. 00.부터 2000. 00. 00.까지 총 1,283일 동안 채무자가 운영하는 위 000학원에서 근무하였습니다.

   (2) 따라서 채권자의 퇴직금은 산출하면 금17,948,677원(평균임금 170,207 × 30 × 1,283/365)입니다.

3. 채무자의 퇴직금 미지급

채무자는 위와 같이 채권자가 퇴직할 경우 당연히 근로기준법 상의 위와 같은 퇴직금 17,948,677원을 지급하여야 함에도 별다른 이유도 없이 차일피일 미루기만 하여 현재까지도 그 지급을 하지 않고 있습니다.

4. 결론

그러므로 채무자는 채권자에게 위 퇴직금 17,948,677원 및 이에 대한 채권자의 퇴직일 다음날인 2000. 00. 00.부터 근로기준법상 퇴직금을 지급하여야 할 14일이 경과한 2000. 00. 00.까지는 민법에서 정한 연 5%, 그 다음날로부터 다 갚는 날까지는 근로기준법 제37조 및 동법 시행령 17조에서 정한 연 20%의 각 비율에 의한 지연손해금 및 독촉절차비용을 지급할 의무가 있으므로 채권자는 이 사건 청구에 이르게 된 것입니다.

첨 부 서 류

1. 재직증명서   1 부
1. 3개월분 급여명세표   1 부
1. 퇴직금확인서   1 부

2000. 00. 00.

채 권 자   전○식   (인)

서울중앙지방법원   귀중

당 사 자 표 시

채 권 자   전○식 (000000-0000000)
　　　　　 서울 00구 000길 00, 000동 000호(00동,00아파트)   (우:00000)
　　　　　 연락처 : 000-0000-0000

채 무 자   0000 주식회사 (000000-0000000)
　　　　　 서울 00구 000길 000(00동,00빌딩)   (우:00000)
　　　　　 대표이사 심○호

퇴직금 청구 지급명령

청 구 취 지

채무자는 채권자에게 금 17,948,677원 및 이에 대한 2000. 00. 00.부터 2000. 00. 00.까지는 연 5%의, 그 다음날부터 다 갚는 날까지는 연 20%의 비율 의한 금원 및 다음의 독촉절차비용을 지급하라.
라는 명령을 구합니다.

독촉절차비용   금000,000원
　내역 : 인지대 금0,000원, 송달료 금00,000원, 서기료 금000,000원

청 구 원 인

1. 당사자들의 지위

　　채무자는 서울 00구 00동 000 소재 000학원을 운영하는 법인이고, 채권자는 동 학원에서 2000. 00. 00.부터 2000. 00. 00.까지 강사로 근무하다가 퇴직한 자로서 채무자에 대하여 다음과 같은 퇴직금 채권이 있습니다.

2. 채권자의 평균임금 및 퇴직금
   가. 채권자의 평균임금
      (1) 채권자는 채무자로부터 퇴직 전 최근 3개월 동안 월 금 5,220,000원의 임금을 지급받았습니다(기본급 3,520,000원, 담임수당 700,000원, 방송수당 1,000,000원).
      (2) 임금계산기간
         2000. 00. 00. ~ 2000. 00. 00. (24일) - 월 급여 금4,041,290원,
         2000. 00. 00. ~ 2000. 00. 00. (30일) - 월 급여 금5,220,000원,
         2000. 00. 00. ~ 2000. 00. 00. (31일) - 월 급여 금5,220,000원,
         2000. 00. 00. ~ 2000. 00. 00. (7일) - 월 급여 금1,178,710원.
         도합 92일 : 총 급여 15,660,000원입니다.
      (3) 그러므로 채권자의 평균임금은 170,217원(15,660,000원/92일)이 됩니다.
   나. 채권자의 퇴직금
      (1) 채권자는 2000. 00. 00.부터 2000. 00. 00.까지 총 1,283일 동안 채무자가 운영하는 위 ㅇㅇㅇ학원에서 근무하였습니다.
      (2) 따라서 채권자의 퇴직금은 산출하면 금17,948,677원(평균임금 170,207×30×1,283/365)입니다.

3. 채무자의 퇴직금 미지급
   채무자는 위와 같이 채권자가 퇴직할 경우 당연히 근로기준법 상의 위와 같은 퇴직금 17,948,677원을 지급하여야 함에도 별다른 이유도 없이 차일피일 미루기만 하여 현재까지도 그 지급을 하지 않고 있습니다.

4. 결론
   그러므로 채무자는 채권자에게 위 퇴직금 17,948,677원 및 이에 대한 채

권자의 퇴직일 다음날인 2000. 00. 00.부터 근로기준법상 퇴직금을 지급하여야 할 14일이 경과한 2000. 00. 00.까지는 민법에서 정한 연 5%, 그 다음날로부터 다 갚는 날까지는 근로기준법 제37조 및 동법 시행령 17조에서 정한 연 20%의 각 비율에 의한 지연손해금 및 독촉절차비용을 지급할 의무가 있으므로 채권자는 이 사건 청구에 이르게 된 것입니다.

【유사사건 판례요지】

사용자와 근로자가 매월 지급하는 월급이나 매일 지급하는 일당과 함께 퇴직금으로 일정한 금원을 미리 지급하기로 약정(이하 '퇴직금 분할 약정'이라 한다)하였다면, 그 약정은 구 근로기준법(2005. 1. 27. 법률 제7379호로 개정되기 전의 것) 제34조 제3항 전문 소정의 퇴직금 중간정산으로 인정되는 경우가 아닌 한 최종 퇴직 시 발생하는 퇴직금청구권을 근로자가 사전에 포기하는 것으로서 강행법규인 같은 법 제34조에 위배되어 무효이고, 그 결과 퇴직금 분할 약정에 따라 사용자가 근로자에게 퇴직금 명목의 금원을 지급하였다 하더라도 퇴직금 지급으로서의 효력이 없다. 그런데 근로관계의 계속 중에 퇴직금 분할 약정에 의하여 월급이나 일당과는 별도로 실질적으로 퇴직금을 미리 지급하기로 한 경우 이는 어디까지나 위 약정이 유효함을 전제로 한 것인바, 그것이 위와 같은 이유로 퇴직금 지급으로서의 효력이 없다면, 사용자는 본래 퇴직금 명목에 해당하는 금원을 지급할 의무가 있었던 것이 아니므로, 위 약정에 의하여 이미 지급한 퇴직금 명목의 금원은 같은 법 제18조 소정의 '근로의 대가로 지급하는 임금'에 해당한다고 할 수 없다. 이처럼 사용자가 근로자에게 퇴직금 명목의 금원을 실질적으로 지급하였음에도 불구하고 정작 퇴직금 지급으로서의 효력이 인정되지 아니할 뿐만 아니라 같은 법 제18조 소정의 임금 지급으로서의 효력도 인정되지 않는다면, 사용자는 법률상 원인 없이 근로자에게 퇴직금 명목의 금원을 지급함으로써 위 금원 상당의 손해를 입은 반면 근로자는 같은 금액 상당의 이익을 얻은 셈이 되므로, 근로자는 수령한 퇴직금 명목의 금원을 부당이득으로 사용자에게 반환하여야 한다고 보는 것이 공평의 견지에서 합당하다
(출처 : 대법원 2010. 5. 20. 선고 2007다90760 전원합의체 판결)

[사례20] 임금 및 퇴직금

지급명령신청서

채 권 자   성○호 (000000-0000000)
          서울 동작구 000길 00, 000동 000호(00동,00아파트)   (우:00000)
          연락처 : 000-0000-0000

채 무 자   신○진 (000000-0000000)
          서울 강남구 00동 000, 000동 000호(00동, 00000빌라) (우:00000)
          연락처 : 000-0000-0000

임금 및 퇴직금 청구 지급명령

청 구 취 지

채무자는 채권자에게 금 12,600,000원 및 이에 대한 2000. 00. 00.부터 2000. 00. 00.까지는 연 5%, 그 다음날부터 다 갚는 날까지는 연 20%의 비율 의한 금원 및 다음의 독촉절차비용을 지급하라.
라는 명령을 구합니다.

독촉절차비용   금000,000원
  내역 : 인지대 금0,000원, 송달료 금00,000원, 서기료 금000,000원

청 구 원 인

1. 채무자는 서울 강남구 00동 000 소재 00호프집을 운영하는 자이고, 채권자는 채무자가 운영하는 위 호프집 주방에서 2000. 00. 00.부터 2000. 00.

00.까지 주방장으로 근무하다가 퇴직한 자입니다.

2. 채권자가 위 호프집에서 근무하는 동안 2000. 00.월분부터 2000. 00.월분까지 체불임금 9,600,000원과 위 기간 동안의 퇴직금 3,000,000원을 현재까지도 지급받지 못하고 있습니다.

3. 채권자는 그 동안 수차례의 내용증명과 직접 찾아가 위 밀린 임금과 퇴직금을 줄 것을 채무자에게 요구하였으나, 채무자는 장사가 어렵다는 이유로 그 지급을 차일피일 미루어 오고 있습니다.

4. 위와 같이 채무자는 위 체불임금 9,600,000원과 위 기간 동안의 퇴직금 3,000,000원 등 도합 금 12,600,000원 및 이에 대하여 퇴직한 다음날인 2000. 00. 00.부터 14일이 경과한 날인 2000. 00. 00.까지는 민법상 연 5%, 그 다음날부터 다 갚는 날까지는 근로기준법 제37조 및 동법 시행령 제17조에서 정한 연 20%의 각 비율에 의한 지연손해금 및 독촉절차비용을 합한 금액을 채권자에게 지급할 의무가 있으므로 채권자는 부득이 이 사건 청구에 이르게 되었습니다.

첨 부 서 류

1. 근로계약서   1 부
1. 임금통장사본   1 부
1. 체불임금 및 퇴직금   1 부

2000. 00. 00.

채 권 자   성 ○ 호   (인)

서울중앙지방법원 귀중

당 사 자 표 시

채 권 자   성○호 (000000-0000000)
             서울 동작구 000길 00, 000동 000호(00동,00아파트)   (우:00000)
             연락처 : 000-0000-0000

채 무 자   신○진 (000000-0000000)
             서울 강남구 00동 000, 000동 000호(00동, 00000빌라) (우:00000)
             연락처 : 000-0000-0000

임금 및 퇴직금 청구 지급명령

청 구 취 지

채무자는 채권자에게 금 12,600,000원 및 이에 대한 2000. 00. 00.부터 2000. 00. 00.까지는 연 5%, 그 다음날부터 다 갚는 날까지는 연 20%의 비율 의한 금원 및 다음의 독촉절차비용을 지급하라.
라는 명령을 구합니다.

독촉절차비용   금000,000원
   내역 : 인지대 금0,000원, 송달료 금00,000원, 서기료 금000,000원

청 구 원 인

1. 채무자는 서울 강남구 00동 000 소재 00호프집을 운영하는 자이고, 채권자는 채무자가 운영하는 위 호프집 주방에서 2000. 00. 00.부터 2000. 00. 00.까지 주방장으로 근무하다가 퇴직한 자입니다.

2. 채권자가 위 호프집에서 근무하는 동안 2000. 00.월분부터 2000. 00.월분까지 체불임금 9,600,000원과 위 기간 동안의 퇴직금 3,000,000원을 현재까지도 지급받지 못하고 있습니다.

3. 채권자는 그 동안 수차례의 내용증명과 직접 찾아가 위 밀린 임금과 퇴직금을 줄 것을 채무자에게 요구하였으나, 채무자는 장사가 어렵다는 이유로 그 지급을 차일피일 미루어 오고 있습니다.

4. 위와 같이 채무자는 위 체불임금 9,600,000원과 위 기간 동안의 퇴직금 3,000,000원 등 도합 금 12,600,000원 및 이에 대하여 퇴직한 다음날인 2000. 00. 00.부터 14일이 경과한 날인 2000. 00. 00.까지는 민법상 연 5%, 그 다음날부터 다 갚는 날까지는 근로기준법 제37조 및 동법 시행령 제17조에서 정한 연 20%의 각 비율에 의한 지연손해금 및 독촉절차비용을 합한 금액을 채권자에게 지급할 의무가 있으므로 채권자는 부득이 이 사건 청구에 이르게 되었습니다.

【유사사건 판례요지】

일반적으로 임금은 직접 근로자에게 전액을 지급하여야 하므로 사용자가 근로자에 대하여 가지는 채권으로서 근로자의 임금채권과 상계를 하지 못하는 것이 원칙이나, 계산의 착오 등으로 임금이 초과 지급되었을 때 그 행사의 시기가 초과 지급된 시기와 임금의 정산, 조정의 실질을 잃지 않을 만큼 합리적으로 밀접되어 있고 금액과 방법이 미리 예고되는 등 근로자의 경제생활의 안정을 해할 염려가 없는 경우나, 근로자가 퇴직한 후에 그 재직 중 지급되지 아니한 임금이나 퇴직금을 청구하는 경우에는 초과 지급된 임금의 반환청구권을 자동채권으로 하여 상계하는 것은 무방하다. 따라서 근로자가 일정 기간 동안의 미지급 법정수당을 청구하는 경우에 사용자가 같은 기간 동안 법정수당의 초과 지급 부분이 있음을 이유로 상계나 그 충당을 주장하는 것도 허용된다.
(출처 : 대법원 1995. 12. 21. 선고 94다26721 전원합의체 판결)

[사례21] 차입금

지급명령신청서

채 권 자   한○성 (000000-0000000)
            대전시 00구 0000길 00, 000동 000호   (우:00000)
            H.P : 000-0000-0000

채 무 자   주식회사 00건설 (000000-0000000)
            대전시 00구 00동 000 00빌딩 2층   (우:00000)
            대표이사 양○갑

차입금 청구 지급명령

청 구 취 지

채무자는 채권자에게 금35,650,000원 및 이에 대한 이 사건 지급명령정본 송달 다음날부터 완제일까지는 연 12%의 각 비율에 의한 금원 및 다음의 독촉절차비용을 지급하라.
라는 명령을 구합니다.

독촉절차비용   금000,000원
   내역 : 인지대 00,000원, 송달료 금00,000원, 서기료 금000,000원

청 구 원 인

1. 채무자는 각종 건축을 업으로 하는 회사이고, 채권자는 2000. 00. 00.경 채무자가 시공하던 대전시 00구 000동 000번지 소재 3층 다세대주택 공사

의 현장소장으로 근무하던 자입니다.

2. 채무자는 채권자가 위 현장소장으로 근무할 당시 회사에 자금이 부족하다며 위 공사현장에서 발생하는 현장인부 노임과 식대 등의 경비를 지급하기 어려우니 우선 채권자가 위와 같은 경비들을 우선 지급하면 나중에 공사가 완료되면 위 차입금을 모두 지급하겠다고 하였습니다.

3. 이에 채권자는 지인들로부터 차용한 금 3천만 원과 채권자가 가지고 있던 금 565만원을 사용하여 위 공사현장의 자금으로 운영하였습니다. 그리고 위 공사는 준공이 되었고, 건축주는 공사대금을 채무자에게 지급하였습니다.

4. 하지만 채무자는 우선 사용할 돈이 많아 채권자의 돈을 나중에 주겠다는 말만하고 차일피일 미루고만 있어 채무자는 지인들에게 주어야 할 돈을 주지 못하여 가정집이 압류까지 당한 상황입니다.

5. 이에 채권자는 채무자에게 위 차입금을 지급받기 위하여 부득이 이 사건 청구에 이르게 되었습니다.

첨 부 서 류

1. 차입금내역서　　　　　　　　　　　　　　　　　　　　1부
1. 노임지급영수증　　　　　　　　　　　　　　　　　　　30부
1. 통장사본　　　　　　　　　　　　　　　　　　　　　　1부

2000. 00. 00.

채 권 자　　　한 ○ 성　　　(인)

대전지방법원　귀중

당 사 자 표 시

채 권 자　한○성 (000000-0000000)
　　　　　　대전시 00구 0000길 00, 000동 000호　　　　　(우:00000)
　　　　　　H.P : 000-0000-0000

채 무 자　주식회사 00건설 (000000-0000000)
　　　　　　대전시 00구 00동 000 00빌딩 2층　　　　　　(우:00000)
　　　　　　대표이사 양○갑

차입금 청구 지급명령

청 구 취 지

채무자는 채권자에게 금 35,650,000원 및 이에 대한 이 사건 지급명령정본 송달 다음날부터 완제일까지는 연 12%의 각 비율에 의한 금원 및 다음의 독촉절차비용을 지급하라.
라는 명령을 구합니다.

독촉절차비용　　금000,000원
　내역 : 인지대 00,000원, 송달료 금00,000원, 서기료 금000,000원

청 구 원 인

1. 채무자는 각종 건축을 업으로 하는 회사이고, 채권자는 2000. 00. 00.경 채무자가 시공하던 대전시 00구 000동 000번지 소재 3층 다세대주택 공사의 현장소장으로 근무하던 자입니다.

2. 채무자는 채권자가 위 현장소장으로 근무할 당시 회사에 자금이 부족하다며 위 공사현장에서 발생하는 현장인부 노임과 식대 등의 경비를 지급하기 어려우니 우선 채권자가 위와 같은 경비들을 우선 지급하면 나중에 공사가 완료되면 위 차입금을 모두 지급하겠다고 하였습니다.

3. 이에 채권자는 지인들로부터 차용한 금 3천만 원과 채권자가 가지고 있던 금 565만원을 사용하여 위 공사현장의 자금으로 운영하였습니다. 그리고 위 공사는 준공이 되었고, 건축주는 공사대금을 채무자에게 지급하였습니다.

4. 하지만 채무자는 우선 사용할 돈이 많아 채권자의 돈을 나중에 주겠다는 말만하고 차일피일 미루고만 있어 채무자는 지인들에게 주어야 할 돈을 주지 못하여 가정집이 압류까지 당한 상황입니다.

5. 이에 채권자는 채무자에게 위 차입금을 지급받기 위하여 부득이 이 사건 청구에 이르게 되었습니다.

【유사사건 판례요지】

금융회사가 예금계약 등에 근거하여 고객으로부터 예금을 맡아 관리하면서 지출하는 예수금 이자를 구 법인세법 제18조의3 제1항에서 규정한 차입금 이자로 볼 수 있는지 여부(소극) 및 환매조건부 채권매도, 매출어음 할인, 금융채의 발행, 신탁계정으로부터 자금차입 등 다양한 방식으로 타인으로부터 그 목적사업을 위한 운영자금을 조달하면서 지출하는 비용들이 위 차입금 이자에 포함되는지 여부(원칙적 적극)
(출처 : 대법원 2017. 7. 11. 선고 2015두49115 판결 [법인세부과처분취소])

[사례22] 공사대금

지급명령신청서

채 권 자　성○현 (000000-0000000)
　　　　　서울 동작구 000길 00, 000동 000호(00동,00아파트)　(우:00000)
　　　　　연락처 : 000-0000-0000

채 무 자　최○호 (000000-0000000)
　　　　　서울 강남구 00동 000, 000동 000호(00동, 00000빌라) (우:00000)
　　　　　연락처 : 000-0000-0000

공사대금 청구 지급명령

청 구 취 지

채무자는 채권자에게 금 450,000,000원 및 이에 대하여 이 사건 지급명령정본 송달 다음날부터 완제일까지 연 12%의 비율에 의한 금원 및 다음의 독촉절차비용을 지급하라.
라는 명령을 구합니다.

독촉절차비용　　금0,000,000원
　내역 : 인지대 금000,000원, 송달료 금00,000원, 서기료 금000,000원

청 구 원 인

1. 채권자는 건축공사를 하는 자이고, 채무자는 채권자에게 공사를 의뢰하였던

자입니다.

2. 채권자는 채무자의 요청으로 2000. 00. 00. 공사대금 금 6억 원에 00시 00구 00동 000-00 번지 지하 1층 및 지상 2층의 주택 및 점포 건평 307.64 ㎡의 건축공사를 도급받은 후 공사가 진행 중에 채무자의 요청으로 처음 계약내용과는 달리 1층과 2층의 바닥 부분을 2중으로 타설하기로 하는 등의 금 1억 원상당의 추가공사를 하기로 하여 총공사비는 금 7억 원으로 정하였고, 그 후 공사를 진행하여 2000. 00. 00. 공사를 완료하였습니다.

3. 그러나 채무자는 위 공사대금을 같은 해 10월 말까지 3회에 걸쳐 위 공사대금 중 금 2억 5천만 원만 지급하고, 현재까지 나머지 금 4억 5천만 원을 지급하지 않고 있기에 채권자는 부득이 이 사건 청구에 이르게 되었습니다.

첨 부 서 류

1. 공사도급계약서	1 부
1. 추가계약서	1 부
1. 공사현장 사진	5 부
1. 영수증	3 부
1. 통장사본	1 부

2000. 00. 00.

채 권 자   성 ○ 현   (인)

서울중앙지방법원   귀중

당 사 자 표 시

채 권 자   성○현 (000000-0000000)
　　　　　서울 동작구 000길 00, 000동 000호(00동,00아파트)   (우:00000)
　　　　　연락처 : 000-0000-0000

채 무 자   최○호 (000000-0000000)
　　　　　서울 강남구 00동 000, 000동 000호(00동, 00000빌라) (우:00000)
　　　　　연락처 : 000-0000-0000

공사대금 청구 지급명령

청 구 취 지

채무자는 채권자에게 금 450,000,000원 및 이에 대하여 이 사건 지급명령정본 송달 다음날부터 완제일까지 연 12%의 비율에 의한 금원 및 다음의 독촉절차비용을 지급하라.
라는 명령을 구합니다.

독촉절차비용　　금0,000,000원
　내역 : 인지대 금000,000원, 송달료 금00,000원, 서기료 금000,000원

청 구 원 인

1. 채권자는 건축공사를 하는 자이고, 채무자는 채권자에게 공사를 의뢰하였던 자입니다.

2. 채권자는 채무자의 요청으로 2000. 00. 00. 공사대금 금 6억 원에 00시 00구 00동 000-00 번지 지하 1층 및 지상 2층의 주택 및 점포 건평 307.64 ㎡의 건축공사를 도급받은 후 공사가 진행 중에 채무자의 요청으로 처음 계약내용과는 달리 1층과 2층의 바닥 부분을 2중으로 타설하기로 하는 등의 금 1억 원상당의 추가공사를 하기로 하여 총공사비는 금 7억 원으로 정하였고, 그 후 공사를 진행하여 2000. 00. 00. 공사를 완료하였습니다.

3. 그러나 채무자는 위 공사대금을 같은 해 10월 말까지 3회에 걸쳐 위 공사대금 중 금 2억 5천만 원만 지급하고, 현재까지 나머지 금 4억 5천만 원을 지급하지 않고 있기에 채권자는 부득이 이 사건 청구에 이르게 되었습니다.

【유사사건 판례요지】

구 건설산업기본법(2011. 5. 24. 법률 제10719호로 개정되기 전의 것) 제88조, 건설산업기본법 시행령 제84조 제1항에 의하여 압류가 금지되는 노임채권의 범위는 건설공사의 도급금액 중 산출내역서에 기재된 노임의 합산액으로서 도급계약서나 하도급계약서에 명시된 금액이다. 따라서 건설공사계약이 중도에 해지되어 공사대금의 정산합의가 이루어지는 경우 정산된 공사대금 중 압류가 금지되는 노임채권액은, 특별한 사정이 없는 한 (하)도급금액 산출내역서에 기재된 노임채권 중 정산합의 시까지 발생한 노임채권액을 합산하는 방식으로 산정하여야 하고, 정산 시까지 기성금으로 수령한 공사대금이 있는 경우 잔여 공사대금 중 압류가 금지되는 노임채권액은 정산합의된 공사대금 중 (하)도급금액 산출내역서에 기하여 산출한 노임채권액에서 기지급된 공사대금 중 (하)도급금액 산출내역서에 기하여 산출한 노임채권액을 공제하는 방식으로 산정하여야 한다.   (출처 : 대법원 2012. 3. 15. 선고 2011다73441 판결)

[사례23] 설계비

지급명령신청서

채 권 자 주식회사 00설계 (000000-0000000)
    경기도 수원시 00구 00동 000-00, 00빌딩 7 층 000호 (우:00000)
    대표이사 송○길
    H.P : 000-0000-0000

채 무 자 0000주식회사 (000000-0000000)
    경기도 수원시 0000길 00-00.000호(00동,00빌딩) (우:00000)
    대표이사 김○현

설계비 청구 지급명령

청 구 취 지

채무자는 채권자에게 금 250,000,000원 및 이에 대한 2000. 00. 00.부터 이 사건 지급명령정본 송달일까지는 연 6%, 그 다음날부터 완제일까지 연 12%의 비율에 의한 금원 및 다음 독촉절차비용을 지급하라.
라는 명령을 구합니다.

독촉절차비용 금000,000원
 내역 : 인지대 금000,000원, 송달료 금00,000원, 서기료 금000,000원

청 구 원 인

1. 채권자는 주식회사 00설계란 상호로 건축설계를 주요업으로 하는 법인이고, 채무자는 0000주식회사라는 상호로 아파트건축 등의 건설업을 영위하는 법

인입니다.

2. 채권자와 채무자는 2000. 00. 00.경 경기도 00시 00동 소재 0000아파트 2,500세대에 대한 아파트 설계용역계약을 금 3억 원에 체결하고, 채권자는 위 용역을 2000. 00. 00.까지 완료하고, 채무자는 같은 날까지 위 계약대금을 지급키로 하였습니다.

3. 그런데 채권자가 위와 같이 약속한 일자에 위 용역을 모두 마치고 그 도면 등을 모두 채무자에게 넘겼고, 채무자는 위 도면을 근거로 건축허가를 득하여 공사에 착공하였으나, 무슨 영문인지 몰라도 채무자는 위 용역대금을 지급하지 않았습니다.

4. 이에 채권자가 수차례에 걸쳐 채무자를 찾아가 위 용역대금을 결제할 것을 요구하였으나, 바로 결제하겠다던 채무자는 2000. 00. 00. 채권자가 거래하는 00은행 000지점 000-0000000-00 계좌로 금 5천만 원만 입금하고는 나머지 금액을 차일피일 미루면서 현재까지도 지급하지 않고 있습니다. 이에 채권자는 부득이 이 사건 청구에 이르게 되었습니다.

첨 부 서 류

1. 설계계약서	1 부
1. 통장사본	1 부
1. 법인등기부등본	2 부

2000. 00. 00.

채 권 자   주식회사 00설계   대표이사 송○길   (인)

수원지방법원   귀중

당 사 자 표 시

채 권 자 주식회사 00설계 (000000-0000000)
    경기도 수원시 00구 00동 000-00, 00빌딩 7층 000호 (우:00000)
    대표이사 송○길
    H.P : 000-0000-0000

채 무 자 0000주식회사 (000000-0000000)
    경기도 수원시 0000길 00-00.000호(00동,00빌딩) (우:00000)
    대표이사 김○현

설계비 청구 지급명령

청 구 취 지

채무자는 채권자에게 금 250,000,000원 및 이에 대한 2000. 00. 00.부터 이 사건 지급명령정본 송달일까지는 연 6%, 그 다음날부터 완제일까지 연 12%의 비율에 의한 금원 및 다음 독촉절차비용을 지급하라.
라는 명령을 구합니다.

독촉절차비용 금000,000원
 내역 : 인지대 금000,000원, 송달료 금00,000원, 서기료 금000,000원

청 구 원 인

1. 채권자는 주식회사 00설계란 상호로 건축설계를 주요업으로 하는 법인이고, 채무자는 0000주식회사라는 상호로 아파트건축 등의 건설업을 영위하는 법인입니다.

2. 채권자와 채무자는 2000. 00. 00.경 경기도 00시 00동 소재 0000아파트 2,500세대에 대한 아파트 설계용역계약을 금 3억 원에 체결하고, 채권자는 위 용역을 2000. 00. 00.까지 완료하고, 채무자는 같은 날까지 위 계약대금을 지급키로 하였습니다.

3. 그런데 채권자가 위와 같이 약속한 일자에 위 용역을 모두 마치고 그 도면 등을 모두 채무자에게 넘겼고, 채무자는 위 도면을 근거로 건축허가를 득하여 공사에 착공하였으나, 무슨 영문인지 몰라도 채무자는 위 용역대금을 지급하지 않았습니다.

4. 이에 채권자가 수차례에 걸쳐 채무자를 찾아가 위 용역대금을 결제할 것을 요구하였으나, 바로 결제하겠다던 채무자는 2000. 00. 00. 채권자가 거래하는 00은행 000지점 000-0000000-00 계좌로 금 5천만 원만 입금하고는 나머지 금액을 차일피일 미루면서 현재까지도 지급하지 않고 있습니다. 이에 채권자는 부득이 이 사건 청구에 이르게 되었습니다.

【유사사건 판례요지】

건축설계계약시 잔금은 공사착공시 지급하고 다만 공사착공이 건축허가일로부터 6개월을 초과하는 경우에는 허가일로부터 6개월 내에 지급하기로 약정한 경우, 잔금지급 약정의 경위와 계약의 목적 등에 비추어 볼 때, 계약체결 당시 계약이나 잔금지급채무의 효력을 공사착공 또는 건축허가의 성부에 의존케 할 의사로 위와 같이 약정하였다고 볼 수는 없고, 단지 잔금지급채무를 장래 도래할 시기가 확정되지 아니한 때로 유예 또는 연기한 것으로서 잔금지급채무의 시기에 관하여 불확정기한을 정한 것이라고 한 사례.
(출처 : 대법원 1999. 7. 27. 선고 98다23447 판결)

[사례24] 추가공사대금

지급명령신청서

채 권 자   주식회사 00석재 (000000-0000000)
　　　　　경기도 이천시 00구 00동 000-00, 00빌딩 7층 000호 (우:00000)
　　　　　대표이사 배○성
　　　　　연락처 : 000-0000-0000

채 무 자   한○진 (000000-0000000)
　　　　　경기도 부천시 0000길 00-00.000호(00동,00빌딩)　　(우:00000)
　　　　　연락처 : 000-0000-0000

추가공사비 청구 지급명령

청 구 취 지

채무자는 채권자에게 금 30,000,000원 및 이에 대한 이 사건 지급명령정본 송달일 다음날부터 완제일까지 연 12%의 비율에 의한 금원 및 다음 독촉절차비용을 지급하라.
라는 명령을 구합니다.

독촉절차비용　금000,000원
　내역 : 인지대 금00,000원, 송달료 금00,000원, 서기료 금000,000원

청 구 원 인

1. 채권자는 주식회사 00석재라는 상호로 석공사를 업으로 하는 법인이고, 채무자

는 위 주소지 빌딩의 소유자로 위 빌딩 석공사를 채권자에게 맡겼던 자입니다.

2. 채무자는 2000. 00. 00. 위 주소지 빌딩 외벽 석공사 도급계약(공사대금 2억 원)을 채권자와 체결하였고, 채권자는 위 계약에 따라 위 석공사를 하였습니다. 그런데 외벽 석공사 부분이 완성되었을 무렵인 2000. 00. 00.경 채무자는 채권자에게 위 계약에는 없던 위 빌딩 옥상에 설치된 물탱크에 석공사를 해 줄 것을 요구하여 채권자는 물탱크 부분은 위 도급계약에 포함된 것이 아니니 새로 견적을 내야 한다고 말해주고 며칠 후 그 견적서(추가공사대금 30,000,000원)를 채무자에게 제시하고 추가계약서를 작성할 것을 요구하였습니다.

3. 그러자 채무자는 추가계약서가 뭐가 필요하느냐 내가 견적서에 싸인을 하겠다고 말하며 추가 공사를 지시하였고, 그 후 채권자는 채무자가 요구하는 추가 공사를 완료하였습니다. 그런데 공사가 모두 완료되자 채무자는 원공사 대금을 모두 지불해 주었으나, 추가 공사는 원도급계약서에 없는 것이니 인정할 수 없다며 추가공사대금을 지급하지 않았습니다. 이에 채권자는 부득이 이 사건 청구를 하기에 이르렀습니다.

첨 부 서 류

1. 추가공사 견적서   1 부
1. 현장사진   10 부
1. 법인등기부등본   1 부

2000. 00. 00.

채 권 자   주식회사 00석재

대표이사 배○성   (인)

인천지방법원 부천지원 귀중

당 사 자 표 시

채 권 자   주식회사 00석재 (000000-0000000)
           경기도 이천시 00구 00동 000-00, 00빌딩 7층 000호 (우:00000)
           대표이사 배○성
           연락처 : 000-0000-0000

채 무 자   한○진 (000000-0000000)
           경기도 부천시 0000길 00-00.000호(00동,00빌딩)   (우:00000)
           연락처 : 000-0000-0000

추가공사비 청구 지급명령

청 구 취 지

채무자는 채권자에게 금 30,000,000원 및 이에 대한 이 사건 지급명령정본 송달일 다음날부터 완제일까지 연 12%의 비율에 의한 금원 및 다음 독촉절차비용을 지급하라.
라는 명령을 구합니다.

독촉절차비용   금000,000원
  내역 : 인지대 금00,000원, 송달료 금00,000원, 서기료 금000,000원

청 구 원 인

1. 채권자는 주식회사 00석재라는 상호로 석공사를 업으로 하는 법인이고, 채무자는 위 주소지 빌딩의 소유자로 위 빌딩 석공사를 채권자에게 맡겼던 자입니다.

2. 채무자는 2000. 00. 00. 위 주소지 빌딩 외벽 석공사 도급계약(공사대금 2억 원)을 채권자와 체결하였고, 채권자는 위 계약에 따라 위 석공사를 하였습니다. 그런데 외벽 석공사 부분이 완성되었을 무렵인 2000. 00. 00.경 채무자는 채권자에게 위 계약에는 없던 위 빌딩 옥상에 설치된 물탱크에 석공사를 해 줄 것을 요구하여 채권자는 물탱크 부분은 위 도급계약에 포함된 것이 아니니 새로 견적을 내야 한다고 말해주고 며칠 후 그 견적서(추가공사대금 30,000,000원)를 채무자에게 제시하고 추가계약서를 작성할 것을 요구하였습니다.

3. 그러자 채무자는 추가계약서가 뭐가 필요하느냐 내가 견적서에 싸인을 하겠다고 말하며 추가 공사를 지시하였고, 그 후 채권자는 채무자가 요구하는 추가 공사를 완료하였습니다. 그런데 공사가 모두 완료되자 채무자는 원공사 대금을 모두 지불해 주었으나, 추가 공사는 원도급계약서에 없는 것이니 인정할 수 없다며 추가공사대금을 지급하지 않았습니다. 이에 채권자는 부득이 이 사건 청구를 하기에 이르렀습니다.

【유사사건 판례요지】

수급인이 공사를 완공하지 못한 채 공사도급계약이 해제되어 기성고에 따른 공사비를 정산하여야 할 경우, 기성 부분과 미시공 부분에 실제로 소요되거나 소요될 공사비를 기초로 산출한 기성고 비율을 약정 공사비에 적용하여 그 공사비를 산정하여야 하고, 기성고 비율은 이미 완성된 부분에 소요된 공사비에다가 미시공 부분을 완성하는 데 소요될 공사비를 합친 전체 공사비 가운데 이미 완성된 부분에 소요된 공사비가 차지하는 비율이라고 할 것이고, 만약 공사도급계약에서 설계 및 사양의 변경이 있는 때에는 그 설계 및 사양의 변경에 따라 공사대금이 변경되는 것으로 특약하고, 그 변경된 설계 및 사양에 따라 공사가 진행되다가 중단되었다면 설계 및 사양의 변경에 따라 변경된 공사대금에 기성고 비율을 적용하는 방법으로 기성고에 따른 공사비를 산정하여야 한다.(출처 : 대법원 2003. 2. 26. 선고 2000다40995 판결)

[사례25] 계약금

지급명령신청서

채 권 자   강○주 (000000-0000000)
　　　　　서울 은평구 000길 00, 000동 000호(00동,00빌라)   (우:00000)
　　　　　연락처 : 000-0000-0000

채 무 자   양○동 (000000-0000000)
　　　　　서울 마포구 00동 000, 000동 000호(00동, 000연립)   (우:00000)
　　　　　연락처 : 000-0000-0000

계약금 청구 지급명령

청 구 취 지

채무자는 채권자에게 금 42,000,000원 및 이에 대하여 이 사건 지급명령정본 송달 다음날부터 완제일까지 연 12%의 비율에 의한 금원 및 다음의 독촉절차 비용을 지급하라.
라는 명령을 구합니다.

독촉절차비용　　금000,000원
　내역 : 인지대 금00,000원, 송달료 금00,000원, 서기료 금000,000원

청 구 원 인

1. 채권자는 서울 동대문시장에서 "00000"이라는 상호로 인테리어 공사를 하는 자이고, 채무자는 서울 마포구에서 식당을 하는 자로 채권자에게 인테리어 공사를 의뢰하였던 자입니다.

2. 채권자는 채무자의 요청으로 2000. 00. 00. 공사계약금 50,000,000원에 서울시 마포구 00동 00번지 지상 1층 식당 150㎡ 인테리어 공사를 도급받은 후 공사를 완료하였으나, 채무자는 위 계약금으로 800만 원만 지급하고 나머지 금 42,000,000원을 지급하지 않았습니다.

3. 채권자는 채무자에게 수차례에 걸쳐 내용증명을 보내고, 직접 찾아가 위 계약대금의 완납을 요구하였으나, 채무자는 경기가 없어 장사가 어렵다는 이유로 차일피일 미루기만 하고 위 계약대금을 지급하지 않고 있습니다. 이에 부득이 채권자는 이 사건 신청을 하게 되었습니다.

첨 부 서 류

1. 인테리어공사계약서	1 부
1. 내용증명	3 부
1. 공사현장 사진	5 부

2000. 00. 00.

채 권 자   강 ○ 주   (인)

서울서부지방법원   귀중

당 사 자 표 시

채 권 자   강○주 (000000-0000000)
　　　　　서울 은평구 000길 00, 000동 000호(00동,00빌라)　　(우:00000)
　　　　　연락처 : 000-0000-0000

채 무 자   양○동 (000000-0000000)
　　　　　서울 마포구 00동 000, 000동 000호(00동, 000연립)　　(우:00000)
　　　　　연락처 : 000-0000-0000

계약금 청구 지급명령

청 구 취 지

채무자는 채권자에게 금 42,000,000원 및 이에 대하여 이 사건 지급명령정본 송달 다음날부터 완제일까지 연 12%의 비율에 의한 금원 및 다음의 독촉절차 비용을 지급하라.
라는 명령을 구합니다.

독촉절차비용　　금000,000원
　내역 : 인지대 금00,000원, 송달료 금00,000원, 서기료 금000,000원

청 구 원 인

1. 채권자는 서울 동대문시장에서 "00000"이라는 상호로 인테리어 공사를 하는 자이고, 채무자는 서울 마포구에서 식당을 하는 자로 채권자에게 인테리어 공사를 의뢰하였던 자입니다.

2. 채권자는 채무자의 요청으로 2000. 00. 00. 공사계약금 50,000,000원에 서울시 마포구 00동 00번지 지상 1층 식당 150㎡ 인테리어 공사를 도급받은 후 공사를 완료하였으나, 채무자는 위 계약금으로 800만 원만 지급하고 나머지 금 42,000,000원을 지급하지 않았습니다.

3. 채권자는 채무자에게 수차례에 걸쳐 내용증명을 보내고, 직접 찾아가 위 계약대금의 완납을 요구하였으나, 채무자는 경기가 없어 장사가 어렵다는 이유로 차일피일 미루기만 하고 위 계약대금을 지급하지 않고 있습니다. 이에 부득이 채권자는 이 사건 신청을 하게 되었습니다.

【유사사건 판례요지】

"대금불입 불이행시 계약은 자동 무효가 되고 이미 불입된 금액은 일체 반환하지 않는다."고 되어 있는 매매계약에 기하여 계약금이 지급되었으나, 매수인이 중도금을 지급기일에 지급하지 아니한 채 이미 지급한 계약금 중 과다한 손해배상의 예정으로 감액되어야 할 부분을 제외한 나머지 금액을 포기하고 해약금으로서의 성질에 기하여 계약을 해제한다는 의사표시를 하면서 감액되어야 할 금액에 해당하는 금원의 반환을 구한 경우, 그 계약금은 해약금으로서의 성질과 손해배상 예정으로서의 성질을 겸하고 있고, 매수인의 주장취지에는 매수인의 채무불이행을 이유로 매도인이 몰취한 계약금은 손해배상 예정액으로서는 부당히 과다하므로 감액되어야 하고 그 감액 부분은 부당이득으로서 반환하여야 한다는 취지도 포함되어 있다고 해석함이 상당하며 계약금이 손해배상 예정액으로서 과다하다면 감액 부분은 반환되어야 한다는 이유로, 계약금이 해약금으로서의 성질과 손해배상 예정으로서의 성질을 겸하고 있더라도 해약금에 기한 해제권 주장시에는 계약불이행에 따른 손해배상이 논의될 여지가 없어 손해배상 예정액의 감액이 불가능하다고 본 원심판결을 파기한 사례.
(출처 : 대법원 1996. 10. 25. 선고 95다33726 판결)

[사례26] 위약금 I

지급명령신청서

채 권 자　주식회사 00000 (000000-0000000)
　　　　　　인천시 00구 00동 000-00, 00빌딩 13층　　　　(우:00000)
　　　　　　대표이사 박○호
　　　　　　연락처 : 000-0000-0000

채 무 자　나○석 (000000-0000000)
　　　　　　경기도 성남시 00구 0000길 00-00.000호(000동,00아파트) (우:00000)
　　　　　　연락처 : 000-0000-0000

위약금 청구 지급명령

청 구 취 지

채무자는 채권자에게 금 100,000,000원 및 이에 대한 지급명령정본 송달 다음날부터 완제일까지 연 12%의 비율에 의한 금원 및 다음 독촉절차비용을 지급하라.
라는 명령을 구합니다.

독촉절차비용　　금000,000원
　　내역 : 인지대 금00,000원, 송달료 금00,000원, 서기료 금000,000원

청 구 원 인

1. 채권자는 인천시에서 "00000"이라는 상호로 유흥주점업을 하는 법인이고,

채무자는 인기가수인 자입니다.

2. 채권자와 채무자는 2000. 00. 00.부터 같은 해 00. 00.까지 20일 간 21:00부터 21:30까지 채권자의 업소에서 공연을 하기로 계약(공연료 금 9천만 원), 공연을 하기로 하였으나, 채무자는 위 계약을 어기고 위 계약기간 동안 채권자의 경쟁업소에서 공연을 하였습니다. 그런데 위 계약을 할 당시 채무자가 위 계약을 이행하지 아니하면 그 위약금으로 금 1억 원을 채권자에게 지급하기로 약정하였던 바, 채무자는 위 약정에 따라 위 위약금을 채권자에게 지급하여야 할 의무가 있습니다.

3. 채권자는 그동안 수차례에 걸쳐 채무자에게 내용증명을 보내 위와 같은 내용으로 다시 계약을 하고 공연하여 줄 것을 제안하였으나, 채무자는 채권자의 제안을 거절하였습니다. 그러면서도 채무자는 채권자가 요구하는 위 위약금을 지급하지 아니하므로 채권자는 부득이 이 사건 신청에 이르게 되었습니다.

첨 부 서 류

1. 공연계약서	1 부
1. 내용증명	2 부
1. 법인등기부등본	1 부

2000. 00. 00.

채 권 자　　주식회사 00000
　　　　　　대표이사 박○호　　　(인)

수원지방법원 성남지원　귀중

당 사 자 표 시

채 권 자　주식회사 00000 (000000-0000000)
　　　　　인천시 00구 00동 000-00, 00빌딩 13층　　　　(우:00000)
　　　　　대표이사 박○호
　　　　　연락처 : 000-0000-0000

채 무 자　나○석 (000000-0000000)
　　　　　경기도 성남시 00구 0000길 00-00.000호(000동,00아파트) (우:00000)
　　　　　연락처 : 000-0000-0000

위약금 청구 지급명령

청 구 취 지

채무자는 채권자에게 금 100,000,000원 및 이에 대한 지급명령정본 송달 다음날부터 완제일까지 연 12%의 비율에 의한 금원 및 다음 독촉절차비용을 지급하라.
라는 명령을 구합니다.

독촉절차비용　　금000,000원
　내역 : 인지대 금00,000원, 송달료 금00,000원, 서기료 금000,000원

청 구 원 인

1. 채권자는 인천시에서 "00000"이라는 상호로 유흥주점업을 하는 법인이고, 채무자는 인기가수인 자입니다.

2. 채권자와 채무자는 2000. 00. 00.부터 같은 해 00. 00.까지 20일 간 21:00부터 21:30까지 채권자의 업소에서 공연을 하기로 계약(공연료 금 9천만 원)을 하였으나, 채무자는 위 계약을 어기고 위 계약기간 동안 채권자의 경쟁업소에서 공연을 하였습니다. 그런데 위 계약을 할 당시 채무자가 위 계약을 이행하지 아니하면 그 위약금으로 금 1억 원을 채권자에게 지급하기로 약정하였던 바, 채무자는 위 약정에 따라 위 위약금을 채권자에게 지급하여야 할 의무가 있습니다.

3. 채권자는 그동안 수차례에 걸쳐 채무자에게 내용증명을 보내 위와 같은 내용으로 다시 계약을 하고 공연하여 줄 것을 제안하였으나, 채무자는 채권자의 제안을 거절하였습니다. 그러면서도 채무자는 채권자가 요구하는 위 위약금을 지급하지 아니하므로 채권자는 부득이 이 사건 신청에 이르게 되었습니다.

【유사사건 판례요지】

위약금은 민법 제398조 제4항에 의하여 손해배상액의 예정으로 추정되므로, 위약금이 위약벌로 해석되기 위해서는 특별한 사정이 주장·증명되어야 하며, 계약을 체결할 당시 위약금과 관련하여 사용하고 있는 명칭이나 문구뿐만 아니라 계약 당사자의 경제적 지위, 계약 체결의 경위와 내용, 위약금 약정을 하게 된 경위와 교섭과정, 당사자가 위약금을 약정한 주된 목적, 위약금을 통해 이행을 담보하려는 의무의 성격, 채무불이행이 발생한 경우에 위약금 이외에 별도로 손해배상을 청구할 수 있는지 여부, 위약금액의 규모나 전체 채무액에 대한 위약금액의 비율, 채무불이행으로 인하여 발생할 것으로 예상되는 손해액의 크기, 당시의 거래관행 등 여러 사정을 종합적으로 고려하여 위약금의 법적 성질을 합리적으로 판단하여야 한다.
(출처 : 대법원 2016. 7. 14. 선고 2012다65973 판결)

[사례27] 위약금 II

지급명령신청서

채 권 자   주식회사 00설계 (000000-0000000)
          경기도 수원시 00구 00동 000-00, 00빌딩 7층 000호 (우:00000)
          대표이사 이○기
          H.P : 000-0000-0000

채 무 자   권○석 (000000-0000000)
          경기도 수원시 0000길 00-00.000호(00동,00빌라)   (우:00000)
          H.P : 000-0000-0000

위약금 청구 지급명령

청 구 취 지

채무자는 채권자에게 금 100,000,000원 및 이에 대한 이 사건 지급명령정본 송달 다음날부터 완제일까지 연 12%의 비율에 의한 금원 및 다음 독촉절차비용을 지급하라.
라는 명령을 구합니다.

독촉절차비용   금000,000원
   내역 : 인지대 금000,000원, 송달료 금00,000원, 서기료 금000,000원

청 구 원 인

1. 채권자는 채무자가 운영하던 "주식회사 OO공조"라는 상호의 회사를 2000. 00. 00. 금100,000,000원에 양수한 자이고, 채무자는 위 회사를 양도한 자입니다.

2. 채무자는 위 회사를 양도하면서 채권자와 "경기도 내에서 같은 업종의 사업을 하지 않는다"라는 약정을 하였습니다. 그런데 채무자는 이 약정에 위반하여 2000. 00. 00. 경기도 OO시 OO구 OOO동 OOO번지에 "OO공조"라는 상호의 업체를 만들어 같은 업종의 사업을 하였습니다.

3. 따라서 채무자는 위 약정을 위반하였으므로 위 위약금을 채권자에게 지급할 의무가 있다 할 것이기에 채권자는 이 사건 청구에 이르게 되었습니다.

첨 부 서 류

1. 양수도계약서   1 부
1. 사진   1 부
1. 법인등기부등본   1 부

2000. 00. 00.

채 권 자   주식회사 OO설계
            대표이사 이○기   (인)

수원지방법원 귀중

당 사 자 표 시

채 권 자   주식회사 00설계 (000000-0000000)
          경기도 수원시 00구 00동 000-00, 00빌딩 7층 000호 (우:00000)
          대표이사 이○기
          H.P : 000-0000-0000

채 무 자   권○석 (000000-0000000)
          경기도 수원시 0000길 00-00.000호(00동,00빌라)   (우:00000)
          연락처 : 000-0000-0000

위약금 청구 지급명령

청 구 취 지

채무자는 채권자에게 금 100,000,000원 및 이에 대한 이 사건 지급명령정본 송달 다음날부터 완제일까지 연 12%의 비율에 의한 금원 및 다음 독촉절차비용을 지급하라.
라는 명령을 구합니다.

독촉절차비용   금000,000원
   내역 : 인지대 금000,000원, 송달료 금00,000원, 서기료 금000,000원

청 구 원 인

1. 채권자는 채무자가 운영하던 "주식회사 00공조"라는 상호의 회사를 2000. 00. 00. 금000,000,000원에 양수한 자이고, 채무자는 위 회사를 양도한 자입니다.

2. 채무자는 위 회사를 양도하면서 채권자와 "경기도 내에서 같은 업종의 사업을 하지 않는다"라는 약정을 하였습니다. 그런데 채무자는 이 약정에 위반하여 2000. 00. 00. 경기도 00시 00구 000동 000번지에 "00공조"라는 상호의 업체를 만들어 같은 업종의 사업을 하였습니다.

3. 따라서 채무자는 위 약정을 위반하였으므로 위 위약금을 채권자에게 지급할 의무가 있다 할 것이기에 채권자는 이 사건 청구에 이르게 되었습니다.

【유사사건 판례요지】

영업을 양도한 자가 경업피지의무를 어기는 등 계약을 위반한 일이 있다 하더라도, 그 사유만으로 당연히 그 영업양도계약이 무효가 되거나 양수인이 근로기준법 제30조에서 정한 기간 내에 퇴직금을 지급할 수 없었던 불가피한 사정이 있다고 볼 수 없다.
(출처 : 대법원 1996. 3. 12. 선고 96도133 판결 [근로기준법위반])

[사례28] 약속어음 I (발행인)

지급명령신청서

채 권 자 주식회사 OO상사 (000000-0000000)
    서울 서초구 000길 00-00,000호(00동,00빌딩) (우:00000)
    대표이사 차○호
    H.P : 000-0000-0000

채 무 자 0000주식회사 (000000-0000000)
    서울 중구 00동 000-00, 00빌딩 3층 (우:00000)
    대표이사 김○길

약속어음금 청구의 지급명령

청 구 취 지

채무자는 채권자에 대하여 금 120,000,000원 및 이에 대하여 2000. 00. 00.부터 이 지급명령정본 송달일까지는 연 6%의, 그 다음날부터 완제일까지는 연 12%의 각 비율에 의한 돈 및 아래 독촉절차비용을 지급하라.
라는 명령을 구합니다.

독촉절차비용 금000,000원
 내역 : 인지대 금00,000원, 송달료 금00,000원, 서기료 금000,000원

청 구 원 인

1. 채무자는 다음과 같은 기재가 있는 약속어음에 자신의 기명날인을 한 후 수취인을 채

권자로 하여 발행한 사실이 있고, 채권자는 이 어음의 정당한 소지인이 되었습니다.

- 다 음 -

어 음 번 호 : 자가00000000
액 면 금 맥 : 금120,000,000원
지 급 지 : 서울특별시
지 급 장 소 : 주식회사 00은행 00지점
발 행 지 : 서울특별시 00구 00동 00번지
발행 연월일 : 2000. 00. 00.
지급 연월일 : 2000. 00. 00.

2. 채권자는 위 지급기일에 위 어음을 지급장소에 제시하고 지급을 구했으나, 00은행000지점에서는 예금부족이라는 이유로 지급을 거절하였습니다.

3. 때문에 채권자는 위 어음을 발행한 채무자에 대하여 어음금 및 이에 대한 지급기일부터 이 지급명령신청서 송달일까지는 연 6%의, 그 다음날부터 완제일까지는 연 12%의 비율에 의한 지연손해금 및 이건 독촉절차비용을 함께 구하기 위하여 이 건 신청을 하기에 이르렀습니다.

첨 부 서 류

1. 약속어음금 사본   1 부
1. 법인등기부등본   2 부

2000. 00. 00.

채 권 자   주식회사 00상사
            대표이사 차○호   (인)

서울중앙지방법원 귀중

당 사 자 표 시

채 권 자   주식회사 00상사 (000000-0000000)
            서울 서초구 000길 00-00,000호(00동,00빌딩)   (우:00000)
            대표이사 차○호
            H.P : 000-0000-0000

채 무 자   0000주식회사 (000000-0000000)
            서울 중구 00동 000-00, 00빌딩 3층   (우:00000)
            대표이사 김○길

약속어음금 청구의 지급명령

청 구 취 지

채무자는 채권자에 대하여 금 120,000,000원 및 이에 대하여 2000. 00. 00. 부터 이 지급명령정본 송달일까지는 연 6%의, 그 다음날부터 완제일까지는 연 12%의 각 비율에 의한 돈 및 아래 독촉절차비용을 지급하라.
라는 명령을 구합니다.

독촉절차비용   금000,000원
  내역 : 인지대 금00,000원, 송달료 금00,000원, 서기료 금000,000원

청 구 원 인

1. 채무자는 다음과 같은 기재가 있는 약속어음에 자신의 기명날인을 한 후 수취인을 채권자로 하여 발행한 사실이 있고, 채권자는 이 어음의 정당한 소지인이 되었습니다.

- 다 음 -

　어 음 번 호 : 자가00000000

　액 면 금 맥 : 금120,000,000원

　지 　 급 　 지 : 서울특별시

　지 급 장 소 : 주식회사 00은행 00지점

　발 　 행 　 지 : 서울특별시 00구 00동 00번지

　발행 연월일 : 2000. 00. 00.

　지급 연월일 : 2000. 00. 00.

2. 채권자는 위 지급기일에 위 어음을 지급장소에 제시하고 지급을 구했으나, 00은행000지점에서는 예금부족이라는 이유로 지급을 거절하였습니다.

3. 때문에 채권자는 위 어음을 발행한 채무자에 대하여 어음금 및 이에 대한 지급기일부터 이 지급명령신청서 송달일까지는 연 6%의, 그 다음날부터 완제일까지는 연 12%의 비율에 의한 지연손해금 및 이건 독촉절차비용을 함께 구하기 위하여 이 건 신청을 하기에 이르렀습니다.

【유사사건 판례요지】

확정된 승소판결에는 기판력이 있으므로 당사자는 그 확정된 판결과 동일한 소송물에 기하여 신소를 제기할 수 없는 것이 원칙이나 다만 시효중단 등 특별한 사정이 있어 예외적으로 신소가 허용되는 경우라고 하더라도, 신소의 판결은 전소의 승소확정판결의 내용에 저촉되어서는 아니되므로, 후소 법원으로서는 그 확정된 권리를 주장할 수 있는 모든 요건이 구비되어 있는지 여부에 관하여 다시 심리할 수는 없다고 보아야 할 것인 바, 전소인 약속어음금 청구소송에서 원고의 피고에 대한 약속어음채권이 확정된 이상 그 확정된 채권의 소멸시효의 중단을 위하여 제기한 소송에서 원고의 약속어음의 소지 여부를 다시 심리할 수는 없다고 할 것이고, 이러한 법리는 약속어음에 제시증권성 및 상환증권성이 있다고 하여 달리 취급할 것은 아니다
(출처 : 대법원 1998. 6. 12. 선고 98다1645 판결)

[사례29] 약속어음Ⅱ (발행인 및 배서인)

지급명령신청서

채 권 자   주식회사 00물산 (000000-0000000)
　　　　　서울시 서초구 000길 00-00,000호(00동,00빌딩)　　(우:00000)
　　　　　대표이사 이○호
　　　　　연락처 : 000-0000-0000

채 무 자   1. 0000주식회사 (000000-0000000)
　　　　　　서울시 중구 00동 000-00, 00빌딩 3층　　　　　　(우:00000)
　　　　　　대표이사 함○철
　　　　　2. 김○수 (000000-000000)
　　　　　　서울시 00구 00동 000, 00연립 000호　　　　　　(우:00000)
　　　　　3. 양○기 (000000-0000000)
　　　　　　인천시 00구 00동 000-00, 00아파트 00동 000호　(우:00000)

약속어음금 청구 지급명령

청 구 취 지

채무자들은 연대하여 채권자에 대하여 금 100,000,000원 및 이에 대하여 2000. 00. 00.부터 이 지급명령정본 송달일까지는 연 6%의, 그 다음날부터 완제일까지는 연 12%의 각 비율에 의한 금원 및 아래 독촉절차비용을 지급하라. 라는 명령을 구합니다.

독촉절차비용　　금0,000,000원

내역 : 인지대 금00,000원, 송달료 금000,000원, 서기료 금000,000원

청 구 원 인

1. 채무자 0000주식회사는 다음과 같은 기재가 있는 약속어음을 발행한 사실이 있습니다.

- 다 음 -

어음 번호 : 자가00000000
액면 금액 : 금100,000,000원
지 급 지 : 서울특별시
지급 장소 : 주식회사 00은행 00지점
발 행 지 : 서울특별시 00구 00동 00번지
발행연월일 : 2000. 00. 00.
지급연월일 : 2000. 00. 00.

2. 그 후 위 어음은 거절증서 작성의무가 면제된 상태에서 아래와 같이 채무자들에게로 유통되어 이에 채무자들이 배서를 하였으므로 채무자들은 이건 어음금의 지급에 대한 담보적 책임을 부담하게 되었습니다.

- 아 래 -

어 음 번 호 : 자가00000000 (액면 100,000,000원권 어음)
제 1 배서인 : (채무자) 김○수
배서 연월일 : 2000. 00. 00.
제 2 배서인 : (채무자) 양○기
배서 연월일 : 2000. 00. 00.
제 3 배서인 : (신청외) 이○승
배서 연월일 : 2000. 00. 00.

3. 한편 채권자는 위 어음의 적법한 최종 소지인으로서 어음금을 지급받기 위하여 법정기일 내에 지급장소에 제시하고 지급을 구했으나, ㅇㅇ은행 ㅇㅇㅇ지점에서는 예금부족이라는 이유로 지급을 거절 하였으므로 채권자는 배서인들에게 이 사실을 알리고 어음금의 지급을 요청하였으나 아무런 이유 없이 불응하고 있습니다.

4. 따라서 채권자는 이건 어음을 지급할 책임이 있는 발행인 및 배서인들에 대해 합동하여 어음금 및 이에 대한 지급기일부터 이 지급명령신청서 송달일까지는 연 6%의, 그 다음날부터 완제일까지는 연 15%의 비율에 의한 지연손해금 및 이건 절차비용을 함께 구하기 위하여 이 건 신청에 이르게 되었습니다.

첨 부 서 류

1. 약속어음금 사본   1 부
1. 법인등기부등본   2 부

    2000. 00. 00.

  채 권 자   주식회사 ㅇㅇ물산
        대표이사 이○호   (인)

서울중앙지방법원   귀중

당 사 자 표 시

채 권 자   주식회사 00물산 (000000-0000000)
            서울시 서초구 000길 00-00,000호(00동,00빌딩)   (우:00000)
            대표이사 이○호
            연락처 : 000-0000-0000

채 무 자   1. 0000주식회사 (000000-0000000)
               서울시 중구 00동 000-00, 00빌딩 3층   (우:00000)
               대표이사 함○철
            2. 김○수 (000000-000000)
               서울시 00구 00동 000, 00연립 000호   (우:00000)
            3. 양○기 (000000-0000000)
               인천시 00구 00동 000-00, 00아파트 00동 000호   (우:00000)

약속어음금 청구 지급명령

청 구 취 지

채무자들은 연대하여 채권자에 대하여 금 100,000,000원 및 이에 대하여 2000. 00. 00.부터 이 지급명령정본 송달일까지는 연 6%의, 그 다음날부터 완제일까지는 연 12%의 각 비율에 의한 금원 및 아래 독촉절차비용을 지급하라. 라는 명령을 구합니다.

독촉절차비용   금0,000,000원
   내역 : 인지대 금00,000원, 송달료 금000,000원, 서기료 금000,000원

청 구 원 인

1. 채무자 0000주식회사는 다음과 같은 기재가 있는 약속어음을 발행한 사실이 있습니다.

- 다 음 -

어 음 번 호 : 자가00000000
액 면 금 액 : 금100,000,000원
지 급 지 : 서울특별시
지 급 장 소 : 주식회사 00은행 00지점
발 행 지 : 서울특별시 00구 00동 00번지
발행연월일 : 2000. 00. 00.
지급연월일 : 2000. 00. 00.

2. 그 후 위 어음은 거절증서 작성의무가 면제된 상태에서 아래와 같이 채무자들에게로 유통되어 이에 채무자들이 배서를 하였으므로 채무자들은 이건 어음금의 지급에 대한 담보적 책임을 부담하게 되었습니다.

- 아 래 -

어 음 번 호 : 자가00000000 (액면 100,000,000원권 어음)
제 1 배서인 : (채무자) 김○수
배서 연월일 : 2000. 00. 00.
제 2 배서인 : (채무자) 양○기
배서 연월일 : 2000. 00. 00.
제 3 배서인 : (신청외) 이○승
배서 연월일 : 2000. 00. 00.

3. 한편 채권자는 위 어음의 적법한 최종 소지인으로서 어음금을 지급받기 위

하여 법정기일 내에 지급장소에 제시하고 지급을 구했으나, 00은행 000지점에서는 예금부족이라는 이유로 지급을 거절 하였으므로 채권자는 배서인들에게 이 사실을 알리고 어음금의 지급을 요청하였으나 아무런 이유 없이 불응하고 있습니다.

4. 따라서 채권자는 이건 어음을 지급할 책임이 있는 발행인 및 배서인들에 대해 합동하여 어음금 및 이에 대한 지급기일부터 이 지급명령신청서 송달일까지는 연 6%의, 그 다음날부터 완제일까지는 연 15%의 비율에 의한 지연손해금 및 이건 절차비용을 함께 구하기 위하여 이 건 신청에 이르게 되었습니다.

【유사사건 판례요지】

[1] 원심의 취지가 어음의 단순 교부만으로 어음상의 권리 양도가 이루어졌다는 뜻이라면, 이는 교부(인도)만으로써 어음상의 권리를 이전할 수 있는 경우를 수취인란이 백지로 된 어음과 기명식 혹은 지시식으로 발행되었으나, 최후의 배서가 소지인출급식 또는 백지식으로 배서된 어음에 한정하고 있는 어음법의 규정에 반하여, 수취인이 기명식으로 되어 있는 어음까지도 단지 교부만으로 양도할 수 있다고 인정하는 것이어서 부당하다.

[2] 피배서인이 어음의 지급거절증서 작성기간 경과 후에 피배서인의 명의로 된 배서인란의 기재를 말소하고 그 대신 수취인인 배서인 명의의 기명·날인을 받은 경우, 이는 지명채권양도의 효력만이 있어 어음채무자는 피배서인에 대하여 배서인에 대한 모든 인적 항변으로 대항할 수 있다
(출처 : 대법원 1997. 7. 22. 선고 96다12757 판결)

[사례30] 약속어음Ⅲ (배서인)

지급명령신청서

채 권 자   주식회사 00양행 (000000-0000000)
            서울 서초구 000길 00-00,000호(00동,00빌딩)　　　(우:00000)
            대표이사 사○성
            연락처 : 000-0000-0000

채 무 자   김○길 (000000-000000)
            서울 00구 00동 000, 00연립 000호　　　(우:00000)
            연락처 : 000-0000-0000

약속어음금 청구의 지급명령

청 구 취 지

채무자는 채권자에게 금 70,000,000원 및 이에 대하여 2000. 00. 00.부터 이 지급명령정본 송달일까지는 연 6%의, 그 다음날부터 완제일까지는 연 12%의 각 비율에 의한 돈 및 아래 독촉절차비용을 지급하라.
라는 명령을 구합니다.

독촉절차비용　　금000,000원
   내역 : 인지대 금00,000원, 송달료 금00,000원, 서기료 금000,000원

청 구 원 인

1. 채권자는 다음과 같은 기재가 있는 약속어음의 정당한 최종 소지인이며 이 어음은 다음에 기재된 신청외 발행인에 의하여 발행된 것입니다.

- 다 음 -

어 음 번 호 : 자가00000000
액 면 금 액 : 금70,000,000원
지 급 지 : 서울특별시
지 급 장 소 : 주식회사 00은행 000지점
발 행 지 : 서울특별시 00구 00동 00번지
발행연월일 : 2000. 00. 00.
지급연월일 : 2000. 00. 00.
발 행 인 : 0000주식회사

2. 그 후 위 어음은 거절증서 작성의무가 면제된 체 아래와 같이 각 배서인들에게 유통되어 이에 배서인들이 아래와 같은 배서를 하였으므로 채무자는 이건 어음금의 지급에 대한 담보적 책임을 부담하게 되었습니다.

- 아 래 -

어 음 번 호 : 자가00000000 (액면 70,000,000원권 어음)
제 1 배서인 : (채무자) 김○길수
배서 연월일 : 2000. 00. 00.
제 2 배서인 : (신청외) 양○만
배서 연월일 : 2000. 00. 00.
제 3 배서인 : (신청외) 이○호
배서 연월일 : 2000. 00. 00.

3. 위에서 기재한 같이 채권자는 위 어음의 정당한 최종 소지인으로서 어음금을 지급받기 위하여 법정기일 내에 지급장소에 제시하고 지급을 구했으나 거래정지라는 이유로 지급을 거절당하였으므로 채권자는 발행인, 배서인등에게 이 사실을 알리고 어음금의 지급을 요청하였으나 아무런 이유 없이 불응하고 있습니다.

4. 따라서 채권자는 위 어음의 배서인인 채무자에 대하여 소구권을 행사하여 어음금 및 이에 대한 지급기일부터 이 지급명령신청서 송달일까지는 연 6%의, 그 다음날부터 완제일까지는 연 12%의 비율에 의한 지연손해금 및 이 건 절차비용을 함께 구하기 위하여 이 건 신청에 이르게 되었습니다.

첨 부 서 류

1. 약속어음금 사본　　　　　　　　　　　　　　　1 부
1. 법인등기부등본　　　　　　　　　　　　　　　　2 부

2000. 00. 00.

채 권 자　　　주식회사 ○○양행

대표이사 사○성　　　(인)

서울중앙지방법원　귀중

당 사 자 표 시

채 권 자 주식회사 00양행 (000000-0000000)
     서울 서초구 000길 00-00,000호(00동,00빌딩) (우:00000)
     대표이사 사○성
     연락처 : 000-0000-0000

채 무 자 김○길 (000000-000000)
     서울 00구 00동 000, 00연립 000호 (우:00000)
     연락처 : 000-0000-0000

약속어음금 청구의 지급명령

청 구 취 지

채무자는 채권자에게 금 70,000,000원 및 이에 대하여 2000. 00. 00.부터 이 지급명령정본 송달일까지는 연 6%의, 그 다음날부터 완제일까지는 연 12%의 각 비율에 의한 돈 및 아래 독촉절차비용을 지급하라.
라는 명령을 구합니다.

독촉절차비용 금000,000원
  내역 : 인지대 금00,000원, 송달료 금00,000원, 서기료 금000,000원

청 구 원 인

1. 채권자는 다음과 같은 기재가 있는 약속어음의 정당한 최종 소지인이며 이

어음은 다음에 기재된 신청외 발행인에 의하여 발행된 것입니다.

- 다 음 -

어 음 번 호 : 자가00000000
액 면 금 액 : 금70,000,000원
지 급 지 : 서울특별시
지 급 장 소 : 주식회사 00은행 000지점
발 행 지 : 서울특별시 00구 00동 00번지
발행연월일 : 2000. 00. 00.
지급연월일 : 2000. 00. 00.
발 행 인 : 0000주식회사

2. 그 후 위 어음은 거절증서 작성의무가 면제된 체 아래와 같이 각 배서인들에게 유통되어 이에 배서인들이 아래와 같은 배서를 하였으므로 채무자는 이건 어음금의 지급에 대한 담보적 책임을 부담하게 되었습니다.

- 아 래 -

어 음 번 호 : 자가00000000 (액면 70,000,000원권 어음)
제 1 배서인 : (채무자) 김○길수
배서 연월일 : 2000. 00. 00.
제 2 배서인 : (신청외) 양○만
배서 연월일 : 2000. 00. 00.
제 3 배서인 : (신청외) 이○호
배서 연월일 : 2000. 00. 00.

3. 위에서 기재한 같이 채권자는 위 어음의 정당한 최종 소지인으로서 어음금을 지급받기 위하여 법정기일 내에 지급장소에 제시하고 지급을 구했으나

거래정지라는 이유로 지급을 거절당하였으므로 채권자는 발행인, 배서인등에게 이 사실을 알리고 어음금의 지급을 요청하였으나 아무런 이유 없이 불응하고 있습니다.

4. 따라서 채권자는 위 어음의 배서인인 채무자에 대하여 소구권을 행사하여 어음금 및 이에 대한 지급기일부터 이 지급명령신청서 송달일까지는 연 6%의, 그 다음날부터 완제일까지는 연 12%의 비율에 의한 지연손해금 및 이건 절차비용을 함께 구하기 위하여 이 건 신청에 이르게 되었습니다.

【유사사건 판례요지】

[1] 어음행위의 위조에 관하여도 민법상의 표현대리에 관한 규정이 적용 또는 유추적용되고, 다만 이 때 그 규정의 적용을 주장할 수 있는 자는 어음행위의 직접 상대방에 한한다고 할 것이며, 약속어음의 배서행위의 직접 상대방은 당해 배서의 피배서인만을 가리키고 그 피배서인으로부터 다시 어음을 취득한 자는 위 배서행위의 직접 상대방이 아니라 제3취득자에 해당하며, 어음의 제3취득자는 어음행위의 직접 상대방에게 표현대리가 인정되는 경우에 이를 원용하여 피위조자에 대하여 자신의 어음상의 권리를 행사할 수가 있을 뿐이다.

[2] 갑이 을 명의의 배서를 위조한 후 갑 자신의 명의로 배서를 하여 병에게 교부한 경우, 을 명의의 배서의 직접 상대방은 어디까지나 그 피배서인 갑이고 병은 갑으로부터 다시 배서양도받아 취득한 자로서 을 명의의 배서에 대하여는 제3취득자에 해당하므로, 병이 을에 대하여 직접 을 명의의 배서에 대한 표현대리 책임을 물을 수 없다고 한 사례.
(출처 : 대법원 1999. 12. 24. 선고 판결)

[사례31] 수표금Ⅰ (당좌수표)

지급명령신청서

채 권 자   주식회사 00건설 (000000-0000000)
          인천시 00구 00동 000-00, 00상가 000호   (우:00000)
          대표이사 문○길
          H.P : 000-0000-0000

채 무 자   00000주식회사 (000000-0000000)
          수원시 00구 00동 000   (우:00000)
          대표이사 유○석

수표금 청구 지급명령

청 구 취 지

채무자는 채권자에게 금 150,000,000원 및 이 돈에 대하여 2000. 00. 00.부터 이 지급명령정본 송달일까지는 연 6%의, 그 다음날부터 완제일까지는 연 12%의 각 비율에 의한 돈 및 아래 독촉절차비용을 지급하라.
라는 명령을 구합니다.

독촉절차비용   금000,000원
   내역 : 인지대 금00,000원, 송달료 금00,000원, 서기료 금000,000원

청 구 원 인

1. 채무자는 다음과 같은 수표를 발행한 사실이 있고 채권자는 이 수표의 정당

한 최종 소지인 입니다.

- 다 음 -

수표 번호 : 가가00000000
수표 종류 : 당좌 수표
액면 금액 : 금150,000,000원
지급연월일 : 2000. 00. 00.
지 급 인 : 00은행 00지점
발 행 지 : 수원시
발행연월일 : 2000. 00. 00.

2. 채권자는 위 수표를 지급기일인 2000. 00. 00.에 지급인에게 제시하고 그 지급을 구했으나 예금부족이라는 이유로 지급이 거절되었으며 지급인은 이 수표에 지급제시 일자를 부기한 지급거절의 선언을 기재하였습니다.

3. 따라서 채권자는 위 수표의 발행인인 채무자에 대하여 수표금 및 이에 대한 지급제시기일부터 이 지급명령신청서 송달일까지는 연 6%의, 그 다음날부터 완제일까지는 연 12%의 비율에 의한 지연손해금을 함께 구하기 위하여 이 건 신청에 이르게 되었습니다.

첨 부 서 류

1. 수표금 사본   1 부
1. 법인등기부등본   2 부

2000. 00. 00.

채 권 자   주식회사 00건설
           대표이사 문○길   (인)

수원지방법원 귀중

당 사 자 표 시

채 권 자   주식회사 00건설 (000000-0000000)
　　　　　 인천시 00구 00동 000-00, 00상가 000호　　　(우:00000)
　　　　　 대표이사 문○길
　　　　　 H.P : 000-0000-0000

채 무 자   00000주식회사 (000000-0000000)
　　　　　 수원시 00구 00동 000　　　　　　　　　　　(우:00000)
　　　　　 대표이사 유○석

수표금 청구 지급명령

청 구 취 지

채무자는 채권자에게 금 150,000,000원 및 이 돈에 대하여 2000. 00. 00.부터 이 지급명령정본 송달일까지는 연 6%의, 그 다음날부터 완제일까지는 연 12%의 각 비율에 의한 돈 및 아래 독촉절차비용을 지급하라.
라는 명령을 구합니다.

독촉절차비용   금000,000원
　 내역 : 인지대 금00,000원, 송달료 금00,000원, 서기료 금000,000원

청 구 원 인

1. 채무자는 다음과 같은 수표를 발행한 사실이 있고 채권자는 이 수표의 정당한 최종 소지인 입니다.

- 다 음 -

수표 번호 : 가가00000000
수 표 종류 : 당좌 수표
액면 금액 : 금150,000,000원
지급연월일 : 2000. 00. 00.
지 급 인 : 00은행 00지점
발 행 지 : 수원시
발행연월일 : 2000. 00. 00.

2. 채권자는 위 수표를 지급기일인 2000. 00. 00.에 지급인에게 제시하고 그 지급을 구했으나 예금부족이라는 이유로 지급이 거절되었으며 지급인은 이 수표에 지급제시 일자를 부기한 지급거절의 선언을 기재하였습니다.

3. 따라서 채권자는 위 수표의 발행인인 채무자에 대하여 수표금 및 이에 대한 지급제시기일부터 이 지급명령신청서 송달일까지는 연 6%의, 그 다음날부터 완제일까지는 연 12%의 비율에 의한 지연손해금을 함께 구하기 위하여 이 건 신청에 이르게 되었습니다.

【유사사건 판례요지】
취소권자가 상대방에게 취소할 수 있는 법률행위로부터 생긴 채무의 전부 또는 일부를 이행한 것은 민법 제145조 제1호 소정의 법정추인 사유에 해당하여 추인의 효력이 발생하고 그 이후에는 취소할 수 없게 되는 것이나, 여기서 말하는 취소할 수 있는 법률행위로부터 생긴 채무란 취소권자가 취소권을 행사한 채무 그 자체를 말하는 것이라고 보아야 하고, 또한 일시에 여러 장의 당좌수표를 발행하는 경우 매수표의 발행행위는 각각 독립된 별개의 법률행위이고 그 수표금 채무도 수표마다 별개의 채무가 되는 것이므로, 취소할 수 있는 법률행위로부터 생긴 채무의 이행을 위하여 발행·교부한 당좌수표 중 일부가 거래은행에서 지급되게 하였다고 하여 나머지 당좌수표의 수표금 채무의 일부를 이행한 것이라고 할 수 없다는 이유로, 나머지 당좌수표의 발행행위를 추인하였다거나 법정추인 사유에 해당한다는 항변을 배척한 원심의 판단을 수긍한 사례 (출처 : 대법원 1996. 2. 23. 선고 94다58438 판결)

[사례32] 수표금Ⅱ (가계수표)

지급명령신청서

채 권 자 주식회사 00건설 (000000-0000000)
    인천시 00구 00동 000-00,00상가 000호 (우:00000)
    대표이사 최○석
    H.P : 000-0000-0000

채 무 자 1. 김○영 (000000-0000000)
     인천시 00구 00동 000 00아파트 00동 000호 (우:00000)
    2. 이○철 (000000-0000000)
     경기도 부천시 00구 00동 00, 00연립 000호 (우:00000)

가계수표금 청구 지급명령

청 구 취 지

채무자들은 연대하여 채권자에게 금 10,000,000원 및 이 돈에 대하여 2000. 00. 00.부터 이 지급명령정본 송달일까지는 연 6%의, 그 다음날부터 완제일까지는 연 12%의 각 비율에 의한 돈 및 아래 독촉절차비용을 지급하라.
라는 명령을 구합니다.

독촉절차비용 금000,000원
 내역 : 인지대 금0,000원, 송달료 금00,000원, 서기료 금000,000원

청 구 원 인

1. 채무자들은 아래와 같은 가계수표를 발행한 발행인 및 배서인으로서 이건 수표금을 지급할 의무가 있습니다.

- 아 래 -

　　수 표　번 호 : 가가00000000
　　수 표　종 류 : 가계수표
　　액 면　금 액 : 금10,000,000원
　　지급연월일 : 2000. 00. 00.
　　지　급　인 : 00은행 000지점
　　발　행　인 : 김○영
　　발　행　지 : 인천광역시
　　발행연월일 : 2000. 00. 00.

2. 발행 이후 위 가계수표는 아래와 같은 경과로 발행인으로부터 각 배서인들에게 유통, 배서되었다가 채권자가 그 최종 소지인이 됨으로써 배서인은 발행인과 더불어 채권자에 대하여 수표금 지급에 대한 담보적 책임을 부담하게 되었습니다.

- 아 래 -

　　수 표 번 호 : 가가00000000 　(액면 10,000,000원권 수표)
　　제 1 배서인 : (채무자) 김○영
　　배서 연월일 : 2000.00.00.
　　제 2 배서인 : (채무자) 이○철
　　배서 연월일 : 2000.00.00.
　　제 3 배서인 : (신청외) 박병동
　　배서 연월일 : 2000.00.00.

3. 채권자는 위 가계수표를 2000. 00. 00.에 지급인에 제시하고 지급을 요구하였으나 예금부족이라는 이유로 그 지급이 거절되어 지급담당자가 위 수표에 대하여 채권자가 제시한 일자를 부기한 지급거절의 선언을 기재하였습니다.

4. 따라서 채권자는 위 가계수표의 발행인 및 배서인인 채무자들에 대하여 수표금 및 이에 대한 지급제시기일부터 이 지급명령신청서 송달일까지는 연 6%의, 그 다음날부터 완제일까지는 연 12%의 비율에 의한 지연손해금을 함께 구하기 위하여 이 건 신청을 합니다.

첨 부 서 류

1. 가계수표금 사본   1 부
1. 법인등기부등본   1 부

2000. 00. 00.

채 권 자   주식회사 00건설

　　　　　　대표이사 최○석   (인)

인천지방법원   귀중

당 사 자 표 시

채 권 자   주식회사 00건설 (000000-0000000)
            인천시 00구 00동 000-00,00상가 000호   (우:00000)
            대표이사 최○석
            H.P : 000-0000-0000

채 무 자   1. 김○영 (000000-0000000)
               인천시 00구 00동 000 00아파트 00동 000호   (우:00000)
            2. 이○철 (000000-0000000)
               경기도 부천시 00구 00동 00, 00연립 000호   (우:00000)

가계수표금 청구 지급명령

청 구 취 지

채무자들은 연대하여 채권자에게 금 10,000,000원 및 이 돈에 대하여 2000. 00. 00.부터이 지급명령정본 송달일까지는 연 6%의, 그 다음날부터 완제일까지는 연 12%의 각 비율에 의한 돈 및 아래 독촉절차비용을 지급하라.
라는 명령을 구합니다.

독촉절차비용   금000,000원
  내역 : 인지대 금0,000원, 송달료 금00,000원, 서기료 금000,000원

청 구 원 인

1. 채무자들은 아래와 같은 가계수표를 발행한 발행인 및 배서인으로서 이건 수표금을 지급할 의무가 있습니다.

- 아 래 -

수 표 번 호 : 가가00000000
수 표 종 류 : 가계수표
액 면 금 액 : 금10,000,000원
지급연월일 : 2000. 00. 00.
지 급 인 : 00은행 000지점
발 행 인 : 김○영
발 행 지 : 인천광역시
발행연월일 : 2000. 00. 00.

2. 발행 이후 위 가계수표는 아래와 같은 경과로 발행인으로부터 각 배서인들에게 유통, 배서되었다가 채권자가 그 최종 소지인이 됨으로써 배서인은 발행인과 더불어 채권자에 대하여 수표금 지급에 대한 담보적 책임을 부담하게 되었습니다.

- 아 래 -

수 표 번 호 : 가가00000000 (액면 10,000,000원권 수표)
제 1 배서인 : (채무자) 김○영
배서 연월일 : 2000.00.00.
제 2 배서인 : (채무자) 이○철
배서 연월일 : 2000.00.00.
제 3 배서인 : (신청외) 박병동
배서 연월일 : 2000.00.00.

3. 채권자는 위 가계수표를 2000. 00. 00.에 지급인에 제시하고 지급을 요구하였으나 예금부족이라는 이유로 그 지급이 거절되어 지급담당자가 위 수표에 대하여 채권자가 제시한 일자를 부기한 지급거절의 선언을 기재하였습니다.

4. 따라서 채권자는 위 가계수표의 발행인 및 배서인인 채무자들에 대하여 수표금 및 이에 대한 지급제시기일부터 이 지급명령신청서 송달일까지는 연 6%의, 그 다음날부터 완제일까지는 연 12%의 비율에 의한 지연손해금을 함께 구하기 위하여 이 건 신청을 합니다.

【유사사건 판례요지】

[1] 수표법 제22조 단서에서 규정하는 '채무자를 해할 것을 알고 수표를 취득한 때'라 함은 단지 항변사유의 존재를 아는 것만으로는 부족하고 자기가 수표를 취득함으로써 항변이 절단되고 채무자가 손해를 입게 될 사정이 객관적으로 존재한다는 사실까지도 충분히 알아야 하는 것인바, 발행인이 수표에 횡선을 긋고, 수표 표면 좌측상단에 '제누디세'라는 자신의 상호와 '기일엄수'라는 기재를 하였다는 사정만으로 소지인이 발행인의 인적항변을 충분히 알았다고 볼 수 없다.

[2] 가계수표 용지에 부동문자로 인쇄되어 있는 '100만원 이하' 등의 문언은 지급은행이 사전에 발행인과의 사이에 체결한 수표계약에 근거하여 기재한 것으로서 이는 단지 수표계약의 일부 내용을 제3자가 알 수 있도록 수표 문면에 기재한 것에 지나지 아니한 것이고, 한편 수표법 제3조 단서에 의하면 수표자금에 관한 수표계약에 위반하여 수표를 발행한 경우에도 수표로서의 효력에는 영향을 미치지 아니하므로 발행한도액을 초과하여 발행한 가계수표도 수표로서의 효력에는 아무런 영향이 없다.

[3] 수표 표면에 '100만원 이하'라고 인쇄된 가계수표 용지에 발행인 스스로 발행한도액을 초과하여 '15,000,000'원으로 액면금을 기재하여 제3자에게 발행한 수표를 소지인이 배서양도받은 경우, 발행인으로서는 소지인이 당해 수표를 취득함에 있어 발행인에게 발행한도액을 초과한 경위를 확인하지 아니한 것이 중대한 과실에 해당한다는 이유로 수표금의 지급을 거절할 수는 없다
(출처 : 대법원 1998. 2. 13. 선고 97다48319 판결)

[사례33] 보증채무금 (연대보증인)

지급명령신청서

채 권 자   왕○석   (000000-0000000)
　　　　　　서울 중구 000길 00, 000동 000호(00동,00빌라)　　　(우:00000)
　　　　　　연락처 : 000-0000-0000

채 무 자   이○영   (000000-0000000)
　　　　　　서울 송파구 00동 000, 000동 000호(00동, 000연립)　(우:00000)
　　　　　　연락처 : 000-0000-0000

보증채무금 청구 지급명령

청 구 취 지

채무자는 채권자에게 금 50,000,000원 및 이에 대하여 2000. 00. 00.부터 이 사건 지급명령정본 송달일까지는 연 5%의, 그 다음날부터 다 갚는 날까지는 연 12%의 각 비율에 의한 돈 및 다음 독촉절차비용을 지급 지급하라.
라는 명령을 구합니다.

독촉절차비용　　금000,000원
　　내역 : 인지대 금00,000원, 송달료 금00,000원, 서기료 금000,000원

청 구 원 인

1. 채무자는 2000.00.00. 채권자가 소외 이○수에게 아래와 같은 금원을 차용해 줄 당시 연대보증을 한 사실이 있습니다.

- 아 래 -

채권자	왕○석
채무자	이○수
연대보증인	이○영
차용금	금50,000,000원
변제기	2000.00.00

2. 그러나 위 변제기 이전인 2000. 00. 00경 소외 이○수(위 채무자)가 사업이 망하면서 법원에 개인파산을 신청하였고, 이후 위 차용금을 전혀 변제하지 않아 채권자는 부득이 위 채무의 연대보증인인 채무자에게 그 지급을 요구하였으나, 연대보증인 인 채무자는 위 보증 사실을 인정하면서도 돈이 없다는 이유로 그 변제를 하지 않았습니다.

3. 이에 채권자는 수차례에 걸쳐 채무자에게 내용증명을 보내고, 직접 찾아가 위 차용금을 변제할 것을 독촉하였으나, 채무자가 이를 거절하고 최근에는 잠적해 버려 채권자는 부득이 이 사건 청구에 이르게 되었습니다.

첨 부 서 류

1. 차용증   1 부
1. 내용증명   3 부

2000. 00. 00.

채 권 자   왕 ○ 석   (인)

서울동부지방법원   귀중

당 사 자 표 시

채 권 자   왕○석   (000000-0000000)
　　　　　서울 중구 000길 00, 000동 000호(00동,00빌라)   (우:00000)
　　　　　연락처 : 000-0000-0000

채 무 자   이○영   (000000-0000000)
　　　　　서울 송파구 00동 000, 000동 000호(00동, 000연립)   (우:00000)
　　　　　연락처 : 000-0000-0000

보증채무금 청구 지급명령

청 구 취 지

채무자는 채권자에게 금 50,000,000원 및 이에 대하여 2000. 00. 00.부터 이 사건 지급명령정본 송달일까지는 연 5%의, 그 다음날부터 다 갚는 날까지는 연 12%의 각 비율에 의한 돈 및 다음 독촉절차비용을 지급 지급하라.
라는 명령을 구합니다.

독촉절차비용   금000,000원
　내역 : 인지대 금00,000원, 송달료 금00,000원, 서기료 금000,000원

청 구 원 인

1. 채무자는 2000.00.00. 채권자가 소외 이○수에게 아래와 같은 금원을 차용해 줄 당시 연대보증을 한 사실이 있습니다.

- 아 래 -

채권자	왕○석
채무자	이○수
연대보증인	이○영
차용금	금50,000,000원
변제기	2000.00.00

2. 그러나 위 변제기 이전인 2000. 00. 00경 소외 이○수(위 채무자)가 사업이 망하면서 법원에 개인파산을 신청하였고, 이후 위 차용금을 전혀 변제하지 않아 채권자는 부득이 위 채무의 연대보증인인 채무자에게 그 지급을 요구하였으나, 연대보증인 인 채무자는 위 보증 사실을 인정하면서도 돈이 없다는 이유로 그 변제를 하지 않았습니다.

3. 이에 채권자는 수차례에 걸쳐 채무자에게 내용증명을 보내고, 직접 찾아가 위 차용금을 변제할 것을 독촉하였으나, 채무자가 이를 거절하고 최근에는 잠적해 버려 채권자는 부득이 이 사건 청구에 이르게 되었습니다.

【유사사건 판례요지】

[1] 사문서에 날인된 작성 명의인의 인영이 그의 인장에 의하여 현출된 것이라면 특단의 사정이 없는 한 그 인영의 진정성립, 즉 날인행위가 작성 명의인의 의사에 기한 것임이 추정되고, 일단 인영의 진정성립이 추정되면 민사소송법 제358조에 의하여 그 문서 전체의 진정성립이 추정된다.

[2] 인영의 진정성립, 즉 날인행위가 작성 명의인의 의사에 기한 것이라는 추정은 사실상의 추정이므로, 인영의 진정성립을 다투는 자가 반증을 들어 인영의 날인행위가 작성 명의인의 의사에 기한 것임에 관하여 법원으로 하여금 의심을 품게 할 수 있는 사정을 입증하면 그 진정성립의 추정은 깨어진다.
(출처 : 대법원 2003. 2. 11. 선고 2002다59122 판결)

[사례34] 구상금 I (보증인)

지급명령신청서

채 권 자   황○연   (000000-0000000)
　　　　　 서울 중구 000길 00, 000동 000호(00동,00빌라)   (우:00000)
　　　　　 연락처 : 000-0000-0000

채 무 자   정○수   (000000-0000000)
　　　　　 서울 노원구 00동 000, 000동 000호(00동, 000연립)   (우:00000)
　　　　　 연락처 : 000-0000-0000

구상금 청구 지급명령

청 구 취 지

채무자는 채권자에게 금 50,000,000원 및 이에 대하여 2000. 00. 00.부터 이 사건 지급명령정본 송달일까지는 연 5%의, 그 다음날부터 다 갚는 날까지는 연 12%의 각 비율에 의한 돈 및 다음 독촉절차비용을 지급 지급하라.
라는 명령을 구합니다.

독촉절차비용　　금000,000원
　 내역 : 인지대 금00,000원, 송달료 금00,000원, 서기료 금000,000원

청 구 원 인

1. 채권자는 채무자가 소외 00은행 00지점으로부터 신용대출 금 5천만 원, 변

제기 2000. 00. 00., 이자 연 5%로 약정하여 대출을 받을 당시 채무자의 부탁으로 보증을 서 준 사실이 있습니다.

2. 그러나 채무자는 약정된 변제기까지 위 대출금의 원리금을 전혀 변제치 아니하여 소외 00은행 00지점은 보증인인 채권자에게 이를 청구하고 채권자의 월급에 가압류를 하여 견디기 어려운 채권자는 2000. 00. 00. 채무자의 위 대출금을 대위 변제하였습니다.

3. 따라서 채무자는 위 변제금 상당의 금원을 채권자에게 지급하여야 할 것이나 수차에 걸친 최고에도 불구하고 그 채무를 이행하지 아니하므로 위 돈 및 이에 대하여 채권자가 대위변제한 다음날부터 이건 지급명령 송달일까지는 민법 소정의 법정이율인 연 5%의, 송달일 다음날부터 완제일까지는 소송촉진등에관한특례법 소정의 연12%의 비율에 의한 지연손해금의 지급을 구하고자 이건 신청에 이르게 된 것입니다.

첨 부 서 류

1. 차용증   1 부
1. 지불영수증   1 부
1. 통장사본   1 부

2000. 00. 00.

채 권 자   황 ○ 연   (인)

서울북부지방법원 귀중

당 사 자 표 시

채 권 자   황○연   (000000-0000000)
　　　　　서울 중구 000길 00, 000동 000호(00동,00빌라)　　(우:00000)
　　　　　연락처 : 000-0000-0000

채 무 자   정○수   (000000-0000000)
　　　　　서울 노원구 00동 000, 000동 000호(00동, 000연립)　(우:00000)
　　　　　연락처 : 000-0000-0000

구상금 청구 지급명령

청 구 취 지

채무자는 채권자에게 금 50,000,000원 및 이에 대하여 2000. 00. 00.부터 이 사건 지급명령정본 송달일까지는 연 5%의, 그 다음날부터 다 갚는 날까지는 연 12%의 각 비율에 의한 돈 및 다음 독촉절차비용을 지급 지급하라.
라는 명령을 구합니다.

독촉절차비용　금000,000원
　내역 : 인지대 금00,000원, 송달료 금00,000원, 서기료 금000,000원

청 구 원 인

1. 채권자는 채무자가 소외 00은행 00지점으로부터 신용대출 금 5천만 원, 변제기 2000. 00. 00., 이자 연 5%로 약정하여 대출을 받을 당시 채무자의

부탁으로 보증을 서 준 사실이 있습니다.

2. 그러나 채무자는 약정된 변제기까지 위 대출금의 원리금을 전혀 변제치 아니하여 소외 00은행 00지점은 보증인인 채권자에게 이를 청구하고 채권자의 월급에 가압류를 하여 견디기 어려운 채권자는 2000. 00. 00. 채무자의 위 대출금을 대위 변제하였습니다.

3. 따라서 채무자는 위 변제금 상당의 금원을 채권자에게 지급하여야 할 것이나 수차에 걸친 최고에도 불구하고 그 채무를 이행하지 아니하므로 위 돈 및 이에 대하여 채권자가 대위변제한 다음날부터 이건 지급명령 송달일까지는 민법 소정의 법정이율인 연 5%의, 송달일 다음날부터 완제일까지는 소송촉진등에관한특례법 소정의 연12%의 비율에 의한 지연손해금의 지급을 구하고자 이건 신청에 이르게 된 것입니다.

【유사사건 판례요지】

갑의 을 은행에 대한 대출금 채무에 대하여 병 주식회사가 근보증, 정 주식회사 등이 연대보증한 후 병 회사가 을 은행에 대출금 채무를 대위변제하였는데, 갑이 을 은행으로부터 '대출금이 이미 상환되었으니 정 회사와 상의하라'고 안내받고 정 회사의 요청에 따라 정 회사 명의 계좌로 대출금 상당액을 송금한 사안에서, 정 회사가 대출금의 대위변제에 따른 구상금 채권을 행사할 정당한 권한을 가진 것으로 믿을 만한 외관을 구비하였다고 보기 어렵고, 갑이 선의·무과실이라고 보기도 어려운데도, 갑의 정 회사에 대한 대출금 상당액 지급이 채권의 준점유자에 대한 변제로서 유효하다고 본 원심판결에 법리오해의 위법이 있다고 한 사례.
(출처 : 대법원 2013. 12. 12. 선고 2013다54055 판결)

[사례35] 구상금Ⅱ (공동불법행위)

지급명령신청서

채 권 자   최○성   (000000-0000000)
　　　　　　서울 00구 000길 00, 000동 000호(00동,00빌라)   (우:00000)
　　　　　　연락처 : 000-0000-0000

채 무 자   박○남   (000000-0000000)
　　　　　　서울 00구 00동 000, 000동 000호(00동, 000연립)   (우:00000)
　　　　　　연락처 : 000-0000-0000

구상금 청구 지급명령

청 구 취 지

채무자는 채권자에게 금 2,500,000원 및 이에 대하여 2000. 00. 00.부터 이 사건 지급명령정본 송달일까지는 연 5%의, 그 다음날부터 다 갚는 날까지는 연 12%의 각 비율에 의한 돈 및 다음 독촉절차비용을 지급 지급하라.
라는 명령을 구합니다.

독촉절차비용   금000,000원
　내역 : 인지대 금00,000원, 송달료 금00,000원, 서기료 금000,000원

청 구 원 인

1. 채무자와 채권자는 2000. 00. 00. 21:00경 서울시 00구 000동 00-00 소재 "0000 꼬치"라는 상호의 주점에서 술을 먹다가 서로 싸운 사실이 있는

자들입니다.

2. 당시 위 주점에서 서로 멱살잡이를 하며 주먹질을 하던 채무자와 채권자가 서로 붙들고 밀치면서 위 주점의 대형 유리창과 집기들을 파손하게 되었고, 위 주점의 주인인 신청외 양○환은 2000. 00. 00. 채무자와 채권자를 공동불법행위자로서 연대하여 금 5백만 원을 지급하라는 손해배상청구소송을 제기하여 서울00지방법원으로부터 승소판결을 받았습니다.

3. 이후 위 양○환이 채권자의 집에 압류를 하여 채권자는 어쩔 수 없이 2000. 00. 00. 은행에서 신용대출금을 받아 위 손해배상금을 지급하였으나, 채무자는 돈이 없다는 이유로 위 손해금을 분담하려 하지 않고 있습니다. 하지만 채무자는 위 손해배상청구소송의 공동불행위자로서 위 배상금의 절반인 금 250만 원을 분담하여야 할 의무가 있다고 할 것입니다.

4. 이에 채권자는 채무자에게 수차례에 걸쳐 위 분담금을 지급하라는 내용의 내용증명을 보내고, 직접 찾아가 위 분담금을 낼 것을 독촉하였으나, 채무자가 이를 거절하고 있으므로 채권자는 부득이 이 사건 신청에 이르게 되었습니다.

첨 부 서 류

1. 판결문 1 부
1. 내용증명 1 부

2000. 00. 00.

채 권 자   최 ○ 성   (인)

서울동부지방법원   귀중

당 사 자 표 시

채 권 자   최○성   (000000-0000000)
　　　　　서울 00구 000길 00, 000동 000호(00동,00빌라)   (우:00000)
　　　　　연락처 : 000-0000-0000

채 무 자   박○남   (000000-0000000)
　　　　　서울 00구 00동 000, 000동 000호(00동, 000연립)   (우:00000)
　　　　　연락처 : 000-0000-0000

구상금 청구 지급명령

청 구 취 지

채무자는 채권자에게 금 2,500,000원 및 이에 대하여 2000. 00. 00.부터 이 사건 지급명령정본 송달일까지는 연 5%의, 그 다음날부터 다 갚는 날까지는 연 12%의 각 비율에 의한 돈 및 다음 독촉절차비용을 지급 지급하라.
라는 명령을 구합니다.

독촉절차비용   금000,000원
　내역 : 인지대 금00,000원, 송달료 금00,000원, 서기료 금000,000원

청 구 원 인

1. 채무자와 채권자는 2000. 00. 00. 21:00경 서울시 00구 000동 00-00 소재 "0000 꼬치"라는 상호의 주점에서 술을 먹다가 서로 싸운 사실이 있는 자들입니다.

2. 당시 위 주점에서 서로 멱살잡이를 하며 주먹질을 하던 채무자와 채권자가 서로 붙들고 밀치면서 위 주점의 대형 유리창과 집기들을 파손하게 되었고, 위 주점의 주인인 신청외 양○환은 2000. 00. 00. 채무자와 채권자를 공동불법행위자로서 연대하여 금 5백만 원을 지급하라는 손해배상청구소송을 제기하여 서울00지방법원으로부터 승소판결을 받았습니다.

3. 이후 위 양○환이 채권자의 집에 압류를 하여 채권자는 어쩔 수 없이 2000. 00. 00. 은행에서 신용대출금을 받아 위 손해배상금을 지급하였으나, 채무자는 돈이 없다는 이유로 위 손해금을 분담하려 하지 않고 있습니다. 하지만 채무자는 위 손해배상청구소송의 공동불행위자로서 위 배상금의 절반인 금 250만 원을 분담하여야 할 의무가 있다고 할 것입니다.

4. 이에 채권자는 채무자에게 수차례에 걸쳐 위 분담금을 지급하라는 내용의 내용증명을 보내고, 직접 찾아가 위 분담금을 낼 것을 독촉하였으나, 채무자가 이를 거절하고 있으므로 채권자는 부득이 이 사건 신청에 이르게 되었습니다.

【유사사건 판례요지】

공동불법행위의 성립에는 공동불법행위자 상호 간에 의사의 공통이나 공동의 인식이 필요하지 아니하고 객관적으로 각 행위에 관련공동성이 있으면 되며, 관련공동성 있는 행위에 의하여 손해가 발생하였다면 손해배상책임을 면할 수 없다.
(출처 : 대법원 2019. 6. 27. 선고 2018다226015 판결)

[사례36] 지료

지급명령신청서

채 권 자　이○중　(000000-0000000)
　　　　　대전시 00구 000길 00, 000동 000호(00동,00아파트)　(우:00000)
　　　　　연락처 : 000-0000-0000

채 무 자　박○철　(000000-0000000)
　　　　　충청남도 00군 00읍 00리 000, 00연립 000호 연립)　(우:00000)
　　　　　연락처 : 000-0000-0000

지료 청구 지급명령

청 구 취 지

채무자는 채권자에게 금 50,000,000원 및 이에 대하여 2000. 00. 00.부터 이 사건 지급명령정본 송달일까지는 연 5%의, 그 다음날부터 다 갚는 날까지는 연 12%의 각 비율에 의한 돈 및 다음 독촉절차비용을 지급 지급하라.
라는 명령을 구합니다.

독촉절차비용　　금000,000원
　내역 : 인지대 금00,000원, 송달료 금000,000원, 서기료 금000,000원

청 구 원 인

1. 채권자는 충청남도 00시 00읍 00리 산000 임야 120,000평의 소유자이고, 채무자는 2000. 00. 00. 위 토지를 채권자로부터 연간 금 7천만 원을 지불

키로 하고 임차를 받아 과수원과 특용작물 재배를 하고 있는 자입니다.

2. 그런데 위 토지를 2년 전 임차를 받아 사용하던 채무자는 작년 하반기 경부터 과수원을 하기 싫어졌다는 등의 터무니없는 이유로 채권자에게 계약을 해지해 달라는 말을 하기 시작하더니 연말에 지급하여야 할 임대료 중 금 2천만 원만 지급하고 나머지 금액을 지급하지 않고 있습니다.

3. 채권자는 채무자가 과수원 등을 해서 얼마나 수입을 올렸는지는 모르지만 과수원수입이 너무 적으면 임대료를 깍아 주겠다는 말도 해보았으나 채무자는 별다른 이유를 설명하지 않고 돈이 없어 임대료를 내지 못하겠다라는 말만 하더니 이제는 채권자를 무시하고 과수원와 특용작물 재배를 계속하면서도 임대료는 낼 생각조차도 하지 않고 있습니다.

4. 이에 채권자는 채무자와 더 이상 다투기도 힘들어 부득이 이 사건 청구에 이르게 되었습니다.

첨 부 서 류

1. 토지임대차계약서　　　　　　　　　　　　　　　1 부
1. 통장사본　　　　　　　　　　　　　　　　　　　1 부
1. 내용증명　　　　　　　　　　　　　　　　　　　1 부

2000. 00. 00.

채 권 자　　　이 ○ 중　　　(인)

대전지방법원 서산지원 귀중

당 사 자 표 시

채 권 자   이○중   (000000-0000000)
　　　　　대전시 00구 000길 00, 000동 000호(00동,00아파트)   (우:00000)
　　　　　연락처 : 000-0000-0000

채 무 자   박○철   (000000-0000000)
　　　　　충청남도 00군 00읍 00리 000, 00연립 000호 연립)   (우:00000)
　　　　　연락처 : 000-0000-0000

지료 청구 지급명령

청 구 취 지

채무자는 채권자에게 금 50,000,000원 및 이에 대하여 2000. 00. 00.부터 이 사건 지급명령정본 송달일까지는 연 5%의, 그 다음날부터 다 갚는 날까지는 연 12%의 각 비율에 의한 돈 및 다음 독촉절차비용을 지급 지급하라.
라는 명령을 구합니다.

독촉절차비용   금000,000원
　내역 : 인지대 금00,000원, 송달료 금000,000원, 서기료 금000,000원

청 구 원 인

1. 채권자는 충청남도 00시 00읍 00리 산000 임야 120,000평의 소유자이고, 채무자는 2000. 00. 00. 위 토지를 채권자로부터 연간 금 7천만 원을 지불키로 하고 임차를 받아 과수원과 특용작물 재배를 하고 있는 자입니다.

2. 그런데 위 토지를 2년 전 임차를 받아 사용하던 채무자는 작년 하반기 경부터 과수원을 하기 싫어졌다는 등의 터무니없는 이유로 채권자에게 계약을 해지해 달라는 말을 하기 시작하더니 연말에 지급하여야 할 임대료 중 금 2천만 원만 지급하고 나머지 금액을 지급하지 않고 있습니다.

3. 채권자는 채무자가 과수원 등을 해서 얼마나 수입을 올렸는지는 모르지만 과수원수입이 너무 적으면 임대료를 깎아 주겠다는 말도 해보았으나 채무자는 별다른 이유를 설명하지 않고 돈이 없어 임대료를 내지 못하겠다라는 말만 하더니 이제는 채권자를 무시하고 과수원와 특용작물 재배를 계속하면서도 임대료는 낼 생각조차도 하지 않고 있습니다.

4. 이에 채권자는 채무자와 더 이상 다투기도 힘들어 부득이 이 사건 청구에 이르게 되었습니다.

【유사사건 판례요지】

[1] 지상권에 있어서 지료의 지급은 그의 요소가 아니어서 지료에 관한 유상 약정이 없는 이상 지료의 지급을 구할 수 없다.

[2] 지상권에 있어서 유상인 지료에 관하여 지료액 또는 그 지급시기 등의 약정은 이를 등기하여야만 그 뒤에 토지소유권 또는 지상권을 양수한 사람 등 제3자에게 대항할 수 있고, 지료에 관하여 등기되지 않은 경우에는 무상의 지상권으로서 지료증액청구권도 발생할 수 없다
(출처 : 대법원 1999. 9. 3. 선고 99다24874 판결)

[사례37] 추심금

지급명령신청서

채 권 자   한○철   (000000-0000000)
　　　　　　서울 강남구 000길 00, 000동 000호(00동,00빌라)   (우:00000)
　　　　　　연락처 : 000-0000-0000

채 무 자   최○수   (000000-0000000)
　　　　　　서울 양천구 00동 000, 000동 000호(00동, 000아파트) (우:00000)
　　　　　　연락처 : 000-0000-0000

추심금 청구 지급명령

청 구 취 지

채무자는 채권자에게 금 22,000,000원 및 이에 대하여 이건 지급명령정본 송달 다음날부터 완제일까지 연 12%의 비율에 의한 금원 및 다음 독촉절차비용을 지급하라.
라는 명령을 구합니다.

독촉절차비용   금000,000원
　내역 : 인지대 금00,000원, 송달료 금00,000원, 서기료 금000,000원

청 구 원 인

1. 채권자는 신청외 이○수에 대하여 00지방법원 2000가단 000호 대여금청구

사건의 집행력있는 판결정본에 의한 금 10,000,000원의 채권이 있습니다만 신청외 이○수는 위 채무를 이행하지 아니하고 있습니다.

2. 한편, 신청외 이○수는 채무자에 대하여 금 2,500만 원의 물품대금 채권을 가지고 있습니다. 그래서 채권자는 신청외 이○수의 채무자에 대한 위 채권에 대하여 00지방법원 2000타채 00000호 채권압류 및 추심명령을 구하였고, 동 결정정본이 채무자에게 송달되고 확정되었습니다.

3. 때문에 채무자는 추심권에 기한 채권자에게 위 채무를 이행하여야 할 것이나 이에 응하지 않고 있으므로 이를 구하기 위하여 채권자는 부득이 이건 신청에 이르게 된 것입니다.

첨 부 서 류

1. 채권압류 및 추심명령결정 정본　　　　　　　　　　1 부
1. 송달증명원　　　　　　　　　　　　　　　　　　　1 부
1. 확정증명원　　　　　　　　　　　　　　　　　　　1 부

2000. 0. 0.

채 권 자　　　한 ○ 철　　　(인)

서울남부지방법원　귀중

당 사 자 표 시

채 권 자   한○철   (000000-0000000)
　　　　　서울 강남구 000길 00, 000동 000호(00동,00빌라)   (우:00000)
　　　　　연락처 : 000-0000-0000

채 무 자   최○수   (000000-0000000)
　　　　　서울 양천구 00동 000, 000동 000호(00동, 000아파트) (우:00000)
　　　　　연락처 : 000-0000-0000

추심금 청구 지급명령

청 구 취 지

채무자는 채권자에게 금 22,000,000원 및 이에 대하여 이건 지급명령정본 송달 다음날부터 완제일까지 연 12%의 비율에 의한 금원 및 다음 독촉절차비용을 지급하라.
라는 명령을 구합니다.

독촉절차비용   금000,000원
　내역 : 인지대 금00,000원, 송달료 금00,000원, 서기료 금000,000원

청 구 원 인

1. 채권자는 신청외 이○수에 대하여 00지방법원 2000가단 000호 대여금청구 사건의 집행력있는 판결정본에 의한 금 10,000,000원의 채권이 있습니다만 신청외 이○수는 위 채무를 이행하지 아니하고 있습니다.

2. 한편, 신청외 이○수는 채무자에 대하여 금 2,500만 원의 물품대금 채권을 가지고 있습니다. 그래서 채권자는 신청외 이○수의 채무자에 대한 위 채권에 대하여 00지방법원 2000타채 00000호 채권압류 및 추심명령을 구하였고, 동 결정정본이 채무자에게 송달되고 확정되었습니다.

3. 때문에 채무자는 추심권에 기한 채권자에게 위 채무를 이행하여야 할 것이나 이에 응하지 않고 있으므로 이를 구하기 위하여 채권자는 부득이 이건 신청에 이르게 된 것입니다.

【유사사건 판례요지】

[1] 채무자의 제3채무자에 대한 금전채권이 법률의 규정에 의하여 양도가 금지된 경우에는 특별한 사정이 없는 한 이를 압류하더라도 현금화할 수 없으므로 피압류 적격이 없다. 또한 위와 같이 채권의 양도를 금지하는 법률의 규정이 강행법규에 해당하는 이상 그러한 채권에 대한 압류명령은 강행법규에 위반되어 무효라고 할 것이어서 실체법상 효력을 발생하지 아니하므로, 제3채무자는 압류채권의 추심금 청구에 대하여 그러한 실체법상의 무효를 들어 항변할 수 있다. 그런데 근로자 퇴직급여제도의 설정 및 운영에 필요한 사항을 정함으로써 근로자의 안정적인 노후생활 보장에 이바지함을 목적으로 2005. 1. 27. 법률 제7379호로 '근로자퇴직급여 보장법'이 제정되면서 제7조에서 퇴직연금제도의 급여를 받을 권리에 대하여 양도를 금지하고 있으므로 위 양도금지 규정은 강행법규에 해당한다. 따라서 퇴직연금제도의 급여를 받을 권리에 대한 압류명령은 실체법상 무효이고, 제3채무자는 그 압류채권의 추심금 청구에 대하여 위 무효를 들어 지급을 거절할 수 있다.

[2] 민사집행법은 제246조 제1항 제4호에서 퇴직연금 그 밖에 이와 비슷한 성질을 가진 급여채권은 그 1/2에 해당하는 금액만 압류하지 못하는 것으로 규정하고 있으나, 이는 '근로자퇴직급여 보장법'(이하 '퇴직급여법'이라고 한다)상 양도금지 규정과의 사이에서 일반법과 특별법의 관계에 있으므로, 퇴직급여법상 퇴직연금채권은 그 전액에 관하여 압류가 금지된다고 보아야 한다.
(출처 : 대법원 2014. 1. 23. 선고 2013다71180 판결)

[사례38] 양수금

지급명령신청서

채 권 자   양○기 (000000-0000000)
          서울 00구 000길 00, 000동 000호(00동,00빌라)   (우:00000)
          연락처 : 000-0000-0000

채 무 자   김○길 (000000-0000000)
          서울 00구 00동 000, 000동 000호(00동, 000연립)   (우:00000)
          연락처 : 000-0000-0000

양수금 청구 지급명령

청 구 취 지

채무자는 채권자에게 금 10,000,000원 및 이에 대하여 이 사건 지급명령정본 송달 다음날부터 완제일까지 연 12%의 비율에 의한 금원 및 다음의 독촉절차 비용을 지급하라.
라는 명령을 구합니다.

독촉절차비용   금000,000원
  내역 : 인지대 금00,000원, 송달료 금00,000원, 서기료 금000,000원

청 구 원 인

1. 채권자는 서울 동대문시장에서 "00000"이라는 상호로 포목을 판매하는 자

로 신청외 한○철에게 외상금 3천만 원의 채권이 있었고, 신청외 한○철은 채무자 대하여 약정금채권 금 1천만 원을 가지고 있었습니다.

2. 신청외 한○철이 부도로 망하면서 채권자에게 외상금을 갚지 못하게 되자 자신이 채무자에게 대하여 가지고 있던 위 약정금채권 금 1천만 원을 채권자에게 양도하는 계약을 체결하였고, 신청외 한○철은 위 채권양도 사실을 2000. 00. 00. 채무자에게 확정일자 있는 증서인 내용증명으로 통지하였고, 그 통지서는 그 다음날 채무자에게 도달하였습니다.

3. 그 후 채권자는 채무자에게 위 금 1천만 원을 지급할 것을 수차례 내용증명으로 통지하였으나, 채무자는 차일피일 미루기만 하고 그 돈을 갚지 않고 있어, 채권자는 부득이 이 사건 신청을 하게 되었습니다.

첨 부 서 류

1. 외상대금지불각서   1 부
1. 내용증명(채무자통지용)   1 부

2000. 00. 00.

채 권 자   양 ○ 기   (인)

서울서부지방법원 귀중

당 사 자 표 시

채 권 자   양○기 (000000-0000000)
　　　　　서울 00구 000길 00, 000동 000호(00동,00빌라)　　(우:00000)
　　　　　연락처 : 000-0000-0000

채 무 자   김○길 (000000-0000000)
　　　　　서울 00구 00동 000, 000동 000호(00동, 000연립)　(우:00000)

연락처 : 000-0000-0000

양수금 청구 지급명령

청 구 취 지

채무자는 채권자에게 금 10,000,000원 및 이에 대하여 이 사건 지급명령정본 송달 다음날부터 완제일까지 연 12%의 비율에 의한 금원 및 다음의 독촉절차 비용을 지급하라.
라는 명령을 구합니다.

독촉절차비용   금000,000원
　내역 : 인지대 금00,000원, 송달료 금00,000원, 서기료 금000,000원

청 구 원 인

1. 채권자는 서울 동대문시장에서 "00000"이라는 상호로 포목을 판매하는 자

로 신청외 한○철에게 외상금 3천만 원의 채권이 있었고, 신청외 한○철은 채무자 대하여 약정금채권 금 1천만 원을 가지고 있었습니다.

2. 신청외 한○철이 부도로 망하면서 채권자에게 외상금을 갚지 못하게 되자 자신이 채무자에게 대하여 가지고 있던 위 약정금채권 금 1천만 원을 채권자에게 양도하는 계약을 체결하였고, 신청외 한○철은 위 채권양도 사실을 2000. 00. 00. 채무자에게 확정일자 있는 증서인 내용증명으로 통지하였고, 그 통지서는 그 다음날 채무자에게 도달하였습니다.

3. 그후 채권자는 채무자에게 위 금 1천만 원을 지급할 것을 수차례 내용증명으로 통지하였으나, 채무자는 차일피일 미루기만 하고 그 돈을 갚지 않고 있어, 채권자는 부득이 이 사건 신청을 하게 되었습니다.

【유사사건 판례요지】

채권양도가 다른 채무의 담보조로 이루어졌으며 또한 그 채무가 변제되었다고 하더라도, 이는 채권 양도인과 양수인 간의 문제일 뿐이고, 양도채권의 채무자는 채권 양도·양수인 간의 채무 소멸 여하에 관계없이 양도된 채무를 양수인에게 변제하여야 하는 것이므로, 설령 그 피담보채무가 변제로 소멸되었다고 하더라도 양도채권의 채무자로서는 이를 이유로 채권양수인의 양수금 청구를 거절할 수 없다.
(출처 : 대법원 1999. 11. 26. 선고 99다23093 판결)

[사례39] 인수금

지급명령신청서

채 권 자   주식회사 000 (000000-0000000)
            서울 00구 000길 00, 000동 000호(00동,00빌딩)   (우:00000)
            대표이사 최○수
            연락처 : 000-0000-0000

채 무 자   주식회사 00000종합건설 (000000-0000000)
            서울 00구 000길 00, 000동 000호(00동,00빌딩)   (우:00000)
            대표이사 김○기

인수금 청구 지급명령

청 구 취 지

채무자는 채권자에게 금 100,000,000원 및 이에 대하여 이 사건 지급명령정본 송달 다음날부터 완제일까지 연 12%의 비율에 의한 금원 및 다음의 독촉절차비용을 지급하라.
라는 명령을 구합니다.

독촉절차비용   금000,000원
    내역 : 인지대 금00,000원, 송달료 금00,000원, 서기료 금000,000원

청 구 원 인

1. 채권자는 위 주소지에서 인테리어공사업을 하는 회사이고, 채무자는 위 주소지에서 종합건설업을 하는 회사입니다.

2. 채권자는 소외 "주식회사 00건설"로부터 의뢰받은 인테리어공사 대금을 받지 못하여, 서울00지방법원에 청구금액 1억원의 공사금 청구의 소를 제기하여 2000. 00. 00. 승소판결을 받았고, 그 판결은 2000. 00. 00. 확정되었습니다.

3. 소외 "주식회사 00건설"은 위 판결 후에도 위 공사금을 지급하지 못하고 있던 중, 채무자는 2000. 00. 00. 소외 "주식회사 00건설"의 일체의 채무를 인수하면서 인수합병하였습니다.

4. 따라서 채무자는 채권자의 위 공사금을 지급하여야 할 의무가 있으므로 채권자는 이 사건 신청에 이르게 되었습니다.

첨 부 서 류

1. 판결문　　　　　　　　　　　　　　　　　　　　　1 부
1. 법인등기부등본　　　　　　　　　　　　　　　　　2 부

2000. 00. 00.

채 권 자　　　주식회사 000
　　　　　　　대표이사 최○수　　　(인)

서울서부지방법원　귀중

당 사 자 표 시

채 권 자 주식회사 000 (000000-0000000)
    서울 00구 000길 00, 000동 000호(00동,00빌딩) (우:00000)
    대표이사 최○수
    연락처 : 000-0000-0000

채 무 자 주식회사 00000종합건설 (000000-0000000)
    서울 00구 000길 00, 000동 000호(00동,00빌딩) (우:00000)
    대표이사 김○기

인수금 청구 지급명령

청 구 취 지

채무자는 채권자에게 금 100,000,000원 및 이에 대하여 이 사건 지급명령정본 송달 다음날부터 완제일까지 연 12%의 비율에 의한 금원 및 다음의 독촉절차비용을 지급하라.
라는 명령을 구합니다.

독촉절차비용 금000,000원
 내역 : 인지대 금00,000원, 송달료 금00,000원, 서기료 금000,000원

청 구 원 인

1. 채권자는 위 주소지에서 인테리어공사업을 하는 회사이고, 채무자는 위 주소지에서 종합건설업을 하는 회사입니다.

2. 채권자는 소외 "주식회사 00건설"로부터 의뢰받은 인테리어공사 대금을 받지 못하여, 서울00지방법원에 청구금액 1억원의 공사금 청구의 소를 제기하여 2000. 00. 00. 승소판결을 받았고, 그 판결은 2000. 00. 00. 확정되었습니다.

3. 소외 "주식회사 00건설"은 위 판결 후에도 위 공사금을 지급하지 못하고 있던 중, 채무자는 2000. 00. 00. 소외 "주식회사 00건설"의 일체의 채무를 인수하면서 인수합병하였습니다.

4. 따라서 채무자는 채권자의 위 공사금을 지급하여야 할 의무가 있으므로 채권자는 이 사건 신청에 이르게 되었습니다.

【유사사건 판례요지】
약정서상 갑이 을의 제3자에 대한 채무를 책임지고 변제하겠다는 내용이 기재된 것만으로는 여러 사정상 갑이 제3자에 대한 을의 채무를 병존적으로 인수하였다고 단정하기 어렵다고 한 사례.
(출처 : 대법원 2008. 3. 27. 선고 2006다40515 판결)

[사례40] 회원가입비반환 I (헬쓰장)

지급명령신청서

채 권 자   이○성   (000000-0000000)
             서울 구로구 000길 00, 000동 000호(00동,00빌라)   (우:00000)
             연락처 : 000-0000-0000

채 무 자   박○석   (000000-0000000)
             서울 구로구 00동 000, 00빌딩 5층 00헬쓰   (우:00000)

회원가입비반환 청구 지급명령

청 구 취 지

채무자는 채권자에게 금 2,400,000원 및 이에 대하여 이건 지급명령정본 송달 다음날부터 완제일까지 연 12%의 비율에 의한 금원 및 다음 독촉절차비용을 지급하라.
라는 명령을 구합니다.

독촉절차비용   금000,000원
   내역 : 인지대 금0,000원, 송달료 금00,000원, 서기료 금000,000원

청 구 원 인

1. 채무자는 서울 구로구 00동에서 "00헬쓰"라는 상호로 헬쓰장을 운영하는

자이고, 채권자는 위 헬쓰장을 이용하던 자입니다.

2. 채권자는 위 헬쓰장에서 운동을 하던 2000. 00. 00.경 위 헬쓰장 트레이너이기도 한 채무자로부터 내년도 1년 치 헬쓰장 이용권(트레이너비 포함)을 끊으면 40% 할인된 금액의 혜택을 주겠다는 제안을 받고, 며칠 고민을 하다가 그 이용권을 금 220만 원에 발급을 받았습니다.

3. 그런데 약 1주일 전 채권자는 다니던 회사에서 지방으로 발령을 받아 위 이용권을 전혀 이용할 수 없게 되었습니다. 때문에 채권자는 채무자에게 수차에 걸쳐 위 내년도 이용권을 반환하겠으니 그 회원가입비를 환불해 줄 것을 사정하였으나, 채무자는 차일피일 미루기만 하고 그 환불을 해주지 않아 채권자는 부득이 이 사건 청구에 이르게 되었습니다.

첨 부 서 류

1. 내년도 위 헬쓰장 이용권   1 부
1. 통장사본   1 부
1. 인사발령장   1 부

2000. 00. 00.

채 권 자   이 ○ 성   (인)

서울남부지방법원 귀중

당 사 자 표 시

채 권 자   이○성   (000000-0000000)
　　　　　서울 구로구 000길 00, 000동 000호(00동,00빌라)　　(우:00000)
　　　　　연락처 : 000-0000-0000

채 무 자   박○석   (000000-0000000)
　　　　　서울 구로구 00동 000, 00빌딩 5층 00헬쓰　　(우:00000)
　　　　　연락처 : 000-0000-0000

회원가입비반환 청구 지급명령

청 구 취 지

채무자는 채권자에게 금 2,400,000원 및 이에 대하여 이건 지급명령정본 송달 다음날부터 완제일까지 연 12%의 비율에 의한 금원 및 다음 독촉절차비용을 지급하라.
라는 명령을 구합니다.

독촉절차비용　　금000,000원
　내역 : 인지대 금0,000원, 송달료 금00,000원, 서기료 금000,000원

청 구 원 인

1. 채무자는 서울 구로구 00동에서 "00헬쓰"라는 상호로 헬쓰장을 운영하는

자이고, 채권자는 위 헬쓰장을 이용하던 자입니다.

2. 채권자는 위 헬쓰장에서 운동을 하던 2000. 00. 00.경 위 헬쓰장 트레이너이기도 한 채무자로부터 내년도 1년 치 헬쓰장 이용권(트레이너비 포함)을 끊으면 40% 할인된 금액의 혜택을 주겠다는 제안을 받고, 며칠 고민을 하다가 그 이용권을 금 220만 원에 발급을 받았습니다.

3. 그런데 약 1주일 전 채권자는 다니던 회사에서 지방으로 발령을 받아 위 이용권을 전혀 이용할 수 없게 되었습니다. 때문에 채권자는 채무자에게 수차에 걸쳐 위 내년도 이용권을 반환하겠으니 그 회원가입비를 환불해 줄 것을 사정하였으나, 채무자는 차일피일 미루기만 하고 그 환불을 해주지 않아 채권자는 부득이 이 사건 청구에 이르게 되었습니다.

【유사사건 판례요지】

입회비는 여하한 경우에도 반환하지 않는다는 내용의 종합체육시설업체의 약관조항이 공정거래위원회의 수정 권고가 있었다는 사실만으로 당연무효라고 볼 수 없다고 한 사례 (출처 : 서울지방법원 1996. 7. 2. 선고 96나17737 판결)

[사례41] 회원가입비반환II (골프장)

지급명령신청서

채 권 자   천○만 (000000-0000000)
　　　　　　서울 00구 000길 00, 000동 000호(00동,00아파트)   (우:00000)
　　　　　　연락처 : 000-0000-0000

채 무 자   주식회사 000000 (000000-0000000)
　　　　　　서울 00구 000길 00, 00층 0000호(000동,000빌딩)   (우:00000)
　　　　　　대표이사 전○한

회원가입비반환 청구 지급명령

청 구 취 지

채무자는 채권자에게 금 300,000,000원 및 이에 대하여 이건 지급명령정본 송달 다음날부터 완제일까지 연 12%의 비율에 의한 금원 및 다음 독촉절차비용을 지급하라.
라는 명령을 구합니다.

독촉절차비용   금000,000원
　내역 : 인지대 금00,000원, 송달료 금00,000원, 서기료 금000,000원

청 구 원 인

1. 채무자는 경기도 00시 소재 "0000000클럽"이라는 골프장을 운영하는 회사이고, 채권자는 2000. 00. 00. 채무자에게 위 클럽 입회비로 금 3억 원을 예치하고 정회원자격을 득한 자입니다.

2. 위 클럽가입계약서 제00조에는 "회원의 입회예치금은 정회원자격의 보증금으로서 입회일로부터 5년간 예치하며, 퇴회시에는 원금을 반환한다"라고 규정하고 있습니다.

3. 채권자는 위 클럽에 가입한 지가 10년이 경과하였고, 나이가 많이 들어 이제는 몸도 예전과 같지 않아 골프를 하고 싶어도 못하는 상황이 되었습니다. 이에 채권자는 채무자에게 회원탈퇴신청을 하였으나, 채무자는 회사에 돈이 없다는 이유로 가입비(입회금)반환을 차일피일 미루고만 있습니다.

4. 채권자는 그동안 약 2년간 채무자의 사정을 생각하여 기다려왔으나 더 이상은 기다릴 수가 없어 부득이 이 사건 청구에 이르게 되었습니다.

첨 부 서 류

1. 회원권 및 계약서   각1 부
1. 통장사본   1 부

2000. 00. 00.

채 권 자   천 ○ 만   (인)

서울중앙지방법원 귀중

당 사 자 표 시

채 권 자   천○만 (000000-0000000)
          서울 00구 000길 00, 000동 000호(00동,00아파트)   (우:00000)
          연락처 : 000-0000-0000

채 무 자   주식회사 000000 (000000-0000000)
          서울 00구 000길 00, 00층 0000호(000동,000빌딩)   (우:00000)
          대표이사 전○한

회원가입비반환 청구 지급명령

청 구 취 지

채무자는 채권자에게 금 300,000,000원 및 이에 대하여 이건 지급명령정본 송달 다음날부터 완제일까지 연 12%의 비율에 의한 금원 및 다음 독촉절차비용을 지급하라.
라는 명령을 구합니다.

독촉절차비용   금000,000원
  내역 : 인지대 금00,000원, 송달료 금00,000원, 서기료 금000,000원

청 구 원 인

1. 채무자는 경기도 00시 소재 "0000000클럽"이라는 골프장을 운영하는 회사이고, 채권자는 2000. 00. 00. 채무자에게 위 클럽 입회비로 금 3억 원을

예치하고 정회원자격을 득한 자입니다.

2. 위 클럽가입계약서 제00조에는 "회원의 입회예치금은 정회원자격의 보증금으로서 입회일로부터 5년간 예치하며, 퇴회시에는 원금을 반환한다"라고 규정하고 있습니다.

3. 채권자는 위 클럽에 가입한 지가 10년이 경과하였고, 나이가 많이 들어 이제는 몸도 예전과 같지 않아 골프를 하고 싶어도 못하는 상황이 되었습니다. 이에 채권자는 채무자에게 회원탈퇴신청을 하였으나, 채무자는 회사에 돈이 없다는 이유로 가입비(입회금)반환을 차일피일 미루고만 있습니다.

4. 채권자는 그동안 약 2년간 채무자의 사정을 생각하여 기다려왔으나 더 이상은 기다릴 수가 없어 부득이 이 사건 청구에 이르게 되었습니다.

【유사사건 판례요지】

구 체육시설의 설치·이용에 관한 법률(2005. 3. 31. 법률 제7428호로 개정되기 전의 것) 제19조 제1항 , 구 체육시설의 설치·이용에 관한 법률 시행령(2006. 9. 22. 대통령령 제19686호로 개정되기 전의 것) 제18조 제2항 제1호 (가)목 , 제18조의2 제1항 등의 규정에 의하면, 위 법 제19조 의 규정에 의하여 체육시설의 회원을 모집하고자 하는 자는 시·도지사 등으로부터 회원모집계획서에 대한 검토결과 통보를 받은 후에 회원을 모집할 수 있다고 보아야 하고, 따라서 체육시설의 회원을 모집하고자 하는 자의 시·도지사 등에 대한 회원모집계획서 제출은 수리를 요하는 신고에서의 신고에 해당하며, 시·도지사 등의 검토결과 통보는 수리행위로서 행정처분에 해당한다.
(출처 : 대법원 2009. 2. 26. 선고 2006두16243 판결)

[사례42] 계불입금

지급명령신청서

채 권 자   남○길   (000000-0000000)
　　　　　서울 영등포구 000길 00, 000동 000호(00동,00빌라)   (우:00000)
　　　　　연락처 : 000-0000-0000

채 무 자   조○석 (000000-0000000)
　　　　　서울 양천구 00동 000, 000동 000호(00동, 00아파트)   (우:00000)
　　　　　연락처 : 000-0000-0000

계불입금 청구 지급명령

청 구 취 지

채무자는 채권자에게 금 26,000,000원 및 이에 대하여 이 사건 지급명령정본 송달일 다음날부터 다 갚는 날까지는 연 12%의 각 비율에 의한 돈 및 다음 독촉절차비용을 지급 지급하라.
라는 명령을 구합니다.

독촉절차비용　　금000,000원
　내역 : 인지대 금00,000원, 송달료 금00,000원, 서기료 금000,000원

청 구 원 인

1. 채권자는 서울 중구 남대문시장에서 숙녀복 장사를 하는 자이고, 같은 시장 내에서 순대국집 식당을 하는 자입니다.

2. 채권자는 2000. 00. 00. 평소에 잘 알고 지내던 시장 내의 점포주들을 모아 50구좌의 낙찰계를 조직하였습니다. 이 낙찰계는 정해진 곗날에 계원들이 모여 금 6천만 원의 범위 내에서 가장 낮은 금액을 적어낸 계원에게 그 달의 계지급금을 지급하고 나머지 계원들은 각자의 부담 범위 내인 금 200만 원의 범위 내에서 그 달 낙찰계원이 분담하는 금액을 공제한 나머지 금액만을 분담하며, 기낙찰계원 들은 그들이 낙찰 받은 다음 달부터는 금 2,000,000원의 계불입금을 일정하게 납입하여야 하는 계입니다.

3. 신청외 김O철은 위 낙찰계의 계원으로서 2000. 00. 00. 제16회차 곗날에 금 50,915,000원의 계지급금을 낙찰 받았는데 계주인 채권자는 위 김O철의 재력이 의심스러워 이후의 계불입금 금 2,600만 원의 납입채무에 대한 연대보증을 요구하였던 바 채무자가 위 김O철의 계불입금 납입채무에 대한 연대보증채무를 부담하기로 약정하였습니다.

4. 그런데 위 김O철은 2000. 00. 00.경 야반도주하여 매월 금 200만 원의 계불입금을 납입하지 않아 계주인 채권자가 위 계불입금 금 2,600만 원을 납입해 주었습니다. 때문에 채권자는 위 계불입금에 대한 연대채무자인 채무자를 상대로 이 사건 청구에 이르게 되었습니다.

첨 부 서 류

1. 연대보증계약서   1 부
1. 지불영수증   1 부
1. 통장사본   1 부

2000. 00. 00.

채 권 자   남 ○ 길   (인)

서울남부지방법원 귀중

당 사 자 표 시

채 권 자   남○길   (000000-0000000)
          서울 영등포구 000길 00, 000동 000호(00동,00빌라)   (우:00000)
          연락처 : 000-0000-0000

채 무 자   조○석 (000000-0000000)
          서울 양천구 00동 000, 000동 000호(00동, 00아파트)   (우:00000)
          연락처 : 000-0000-0000

계불입금 청구 지급명령

청 구 취 지

채무자는 채권자에게 금 26,000,000원 및 이에 대하여 이 사건 지급명령정본 송달일 다음날부터 다 갚는 날까지는 연 12%의 각 비율에 의한 돈 및 다음 독촉절차비용을 지급 지급하라.
라는 명령을 구합니다.

독촉절차비용   금000,000원
  내역 : 인지대 금00,000원, 송달료 금00,000원, 서기료 금000,000원

청 구 원 인

1. 채권자는 서울 중구 남대문시장에서 숙녀복 장사를 하는 자이고, 같은 시장 내에서 순대국집 식당을 하는 자입니다.

2. 채권자는 2000. 00. 00. 평소에 잘 알고 지내던 시장 내의 점포주들을 모

아 50구좌의 낙찰계를 조직하였습니다. 이 낙찰계는 정해진 곗날에 계원들이 모여 금 6천만 원의 범위 내에서 가장 낮은 금액을 적어낸 계원에게 그 달의 계지급금을 지급하고 나머지 계원들은 각자의 부담 범위 내인 금 2백만 원의 범위 내에서 그 달 낙찰계원이 분담하는 금액을 공제한 나머지 금액만을 분담하여, 기낙찰계원 들은 그들이 낙찰 받은 다음 달부터는 금 2백만 원의 계불입금을 일정하게 납입하여야 하는 계입니다.

3. 신청외 김O철은 위 낙찰계의 계원으로서 2000. 00. 00. 제16회차 곗날에 금50,915,000원의 계지급금을 낙찰 받았는데 계주인 채권자는 위 김O철의 재력이 의심스러워 이후의 계불입금 금 2,600만 원의 납입채무에 대한 연대보증을 요구하였던 바 채무자가 위 김O철의 계불입금 납입채무에 대한 연대보증채무를 부담하기로 약정하였습니다.

4. 그런데 위 김O철은 2000. 00. 00.경 야반도주하여 매월 금 2백만 원의 계불입금을 납입하지 않아 계주인 채권자가 위 계불입금 금 2,600만 원을 납입해 주었습니다. 때문에 채권자는 위 계불입금에 대한 연대채무자인 채무자를 상대로 이 사건 청구에 이르게 되었습니다.

【유사사건 판례요지】

낙찰계는 각 계원이 조합원으로서 상호 출자하여 공동사업을 경영하는 이른바 민법상 조합계약의 성격을 띠고 있는 것이 아니라 계주가 자기의 개인사업으로 계를 조직 운영하는 것이라 할 것이고, 위와 같은 성질의 계에서는 계금 및 계불입금 등의 계산관계는 오직 계주와 각 계원 사이에 개별적으로 존재하는 것이므로, 계가 깨어졌다 하여 그 계가 조합적 성질을 띠고 있음을 전제로 한 해산이나 청산의 문제도 생길 여지가 없다.
(출처 : 대법원 1994. 10. 11. 선고 93다55456 판결)

[사례43] 계금반환

지급명령신청서

채 권 자   조○형   (000000-0000000)
　　　　　　인천시 00구 000길 00, 000동 000호(00동,00빌라)   (우:00000)
　　　　　　연락처 : 000-0000-0000

채 무 자   양○석   (000000-0000000)
　　　　　　인천시 00구 00동 000, 000동 000호(00동, 00아파트) (우:00000)

계금반환 청구 지급명령

청 구 취 지

채무자는 채권자에게 금 6,000,000원 및 이에 대하여 이 사건 지급명령정본 송달일 다음날부터 다 갚는 날까지는 연 12%의 각 비율에 의한 돈 및 다음 독촉절차비용을 지급 지급하라.
라는 명령을 구합니다.

독촉절차비용   금000,000원
　내역 : 인지대 금0,000원, 송달료 금00,000원, 서기료 금000,000원

청 구 원 인

1. 채무자는 2000. 00. 00. 계금 10,000,000원, 50구좌, 1구좌 당 월불입금

200,000원으로 운영되는 낙찰계를 조직한 계주이고, 채권자는 위 계의 3구좌를 가입한 계원인 자입니다.

2. 채무자는 매월 25일 채무자의 집에서 위 계를 개최하였으며 채권자는 2000. 00. 00.부터 위 계모임에 참석하거나 계주인 채무자의 00은행 00지점 계좌로 온라인 송금하는 방법으로 위 3구좌의 매월 불입금 600,000원을 납부하였습니다. 그러나 위 계를 운영하는 과정에서 탈퇴자들이 나오고 계불입금을 납부하지 않는 계원들이 늘어나면서 위 계는 2000. 00. 00. 이후 사실상 파계가 되었습니다.

3. 위와 같이 계가 파계되었으면 계주인 채무자가 채권자의 계금을 정산하여 반환하여야 합니다. 그런데 채권자가 채무자에게 위와 같이 불입한 계금 6,000,000원(600,000원×10회)을 반환하여 달라는 수차례 요구(내용증명 2회 발송)하였어도 채무자는 단지 돈이 없다는 이유로 거부하고 있기에 채권자는 부득이 이 사건 청구에 이르게 되었습니다.

첨 부 서 류

1. 금융거래자료서   1 부
1. 내용증명   2 부

2000. 00. 00.

채 권 자   조 ○ 형   (인)

인천지방법원   귀중

당 사 자 표 시

채 권 자   조○형   (000000-0000000)
　　　　　인천시 00구 000길 00, 000동 000호(00동,00빌라)   (우:00000)
　　　　　연락처 : 000-0000-0000

채 무 자   양○석   (000000-0000000)
　　　　　인천시 00구 00동 000, 000동 000호(00동, 00아파트)   (우:00000)
　　　　　연락처 : 000-0000-0000

계금반환 청구 지급명령

청 구 취 지

채무자는 채권자에게 금 6,000,000원 및 이에 대하여 이 사건 지급명령정본 송달일 다음날부터 다 갚는 날까지는 연 12%의 각 비율에 의한 돈 및 다음 독촉절차비용을 지급 지급하라.
라는 명령을 구합니다.

독촉절차비용   금000,000원
　내역 : 인지대 금0,000원, 송달료 금00,000원, 서기료 금000,000원

청 구 원 인

1. 채무자는 2000. 00. 00. 계금 10,000,000원, 50구좌, 1구좌 당 월불입금 200,000원으로 운영되는 낙찰계를 조직한 계주이고, 채권자는 위 계의 3구좌를 가입한 계원인 자입니다.

2. 채무자는 매월 25일 채무자의 집에서 위 계를 개최하였으며 채권자는 2000. 00. 00.부터 위 계모임에 참석하거나 계주인 채무자의 00은행 00지점 계좌로 온라인 송금하는 방법으로 위 3구좌의 매월 불입금 600,000원을 납부하였습니다. 그러나 위 계를 운영하는 과정에서 탈퇴자들이 나오고 계불입금을 납부하지 않는 계원들이 늘어나면서 위 계는 2000. 00. 00. 이후 사실상 파계가 되었습니다.

3. 위와 같이 계가 파계되었으면 계주인 채무자가 채권자의 계금을 정산하여 반환하여야 합니다. 그런데 채권자가 채무자에게 위와 같이 불입한 계금 6,000,000원(600,000원×10회)을 반환하여 달라는 수차례 요구(내용증명 2회 발송)하였어도 채무자는 단지 돈이 없다는 이유로 거부하고 있기에 채권자는 부득이 이 사건 청구에 이르게 되었습니다.

【유사사건 판례요지】

처가 낙찰계의 계원 관리 및 계금 지급 업무를 주로 담당하였지만 그 낙찰계의 신용도는 아무런 직업 없는 처 본인보다는 대기업에 근무하는 남편의 자력에 의해 유지되고 있었고, 남편 역시 거의 매일 처와 함께 계원들을 찾아 다니면서 계불입금을 수금함으로써 계원들의 낙찰계에 대한 신용도를 높여 주었을 뿐 아니라 낙찰계의 주요업무인 수금업무를 처와 공동으로 담당한 경우(특히 위 낙찰계는 계불입금을 매일 수금하는 것으로서 매월 수금하는 다른 낙찰계보다는 수금업무의 비중 및 중요성이 월등히 높았다.), 그 남편과 처는 낙찰계의 공동운영자로서 연대하여 계원에게 계금을 지급할 의무가 있다고 본 사례
(출처 : 울산지방법원 1998. 12. 9. 선고 98가합4572 판결)

[사례44] 보관금

지급명령신청서

채 권 자   정○석   (000000-0000000)
　　　　　충청남도 대전시 00구 00동 000-00　　　　(우:00000)
　　　　　연락처 : 000-0000-0000

채 무 자   남○형   (000000-0000000)
　　　　　충남 천안시 00구 00읍 00 00길 00　　　　(우:00000)
　　　　　연락처 : 000-0000-0000

보관금 청구 지급명령

청 구 취 지

채무자는 채권자에게 금 30,000,000원 및 이에 대하여 이 사건 지급명령정본 송달일 다음날부터 다 갚는 날까지는 연 12%의 각 비율에 의한 돈 및 다음 독촉절차비용을 지급 지급하라.
라는 명령을 구합니다.

독촉절차비용   금000,000원
　내역 : 인지대 금00,000원, 송달료 금00,000원, 서기료 금000,000원

청 구 원 인

1. 채무자는 충남 대전시 00구 00동 소재 00주식회사 대표인 자이고, 채권자

는 채무자의 말에 속아 투자를 하였던 자입니다.

2. 채무자는 2000. 00. 00. 채권자에게 채무자가 녹즙기 생산회사를 설립하였는데 장래가 밝다면서 채무자에게 금 3천만 원만 투자하면 부사장으로 임명하여 급료를 매월 금 3백만 원씩 지급하고 채권자가 투자한 돈에 대하여는 상당한 판매 이익금을 지급해 주겠다고 거짓말을 하고, 2000. 00. 00. 채권자로부터 금 3천만 원을 받아간 사실이 있습니다.

3. 채권자는 채무자에게 위와 같이 돈을 지급하고 난 후 채무자의 말이 사실인지 조사하여 보니 채무자는 녹즙기를 개발한 사실도 없고, 그 생산을 하려고 한 사실도 없다는 사실을 알게 되었고, 채권자가 채무자에게 속아 위 금 3천만 원을 편취당한 사실을 뒤늦게 알게 되었습니다. 이에 채권자는 채무자에게 강력히 항의하고 형사고소를 하겠다고 통고하자 채무자는 2000. 00. 00. 위 금 3천만 원을 보관하고 있다는 보관증을 작성해 주고 그 다음 달까지 모두 갚겠다고 약속하였습니다.

4. 하지만 채무자는 채권자와 약속한 위 날짜를 어기고 계속되는 채권자의 독촉에 결국 잠적해 버리고 핸드폰도 두절시켜 버렸습니다. 이에 채권자는 부득이 이 사건 청구에 이르렀습니다.

첨 부 서 류

1. 현금보관증   1 부
1. 통장사본   1 부

2000. 00. 00.

채 권 자   정 ○ 석   (인)

대전지방법원 천안지원 귀중

당 사 자 표 시

채 권 자   정○석   (000000-0000000)
　　　　　　충청남도 대전시 00구 00동 000-00   (우:00000)
　　　　　　연락처 : 000-0000-0000

채 무 자   남○형   (000000-0000000)
　　　　　　충남 천안시 00구 00읍 00 00길 00   (우:00000)
　　　　　　연락처 : 000-0000-0000

보관금 청구 지급명령

청 구 취 지

채무자는 채권자에게 금 30,000,000원 및 이에 대하여 이 사건 지급명령정본 송달일 다음날부터 다 갚는 날까지는 연 12%의 각 비율에 의한 돈 및 다음 독촉절차비용을 지급 지급하라.
라는 명령을 구합니다.

독촉절차비용   금000,000원
　　내역 : 인지대 금00,000원, 송달료 금00,000원, 서기료 금000,000원

청 구 원 인

1. 채무자는 충남 대전시 00구 00동 소재 00주식회사 대표인 자이고, 채권자는 채무자의 말에 속아 투자를 하였던 자입니다.

2. 채무자는 2000. 00. 00. 채권자에게 채무자가 녹즙기 생산회사를 설립하였는데 장래가 밝다면서 채무자에게 금 3천만 원만 투자하면 부사장으로 임명

하여 급료를 매월 금 3백만 원씩 지급하고 채권자가 투자한 돈에 대하여는 상당한 판매 이익금을 지급해 주겠다고 거짓말을 하고, 2000. 00. 00. 채권자로부터 금 3천만 원을 받아간 사실이 있습니다.

3. 채권자는 채무자에게 위와 같이 돈을 지급하고 난 후 채무자의 말이 사실인지 조사하여 보니 채무자는 녹즙기를 개발한 사실도 없고, 그 생산을 하려고 한 사실도 없다는 사실을 알게 되었고, 채권자가 채무자에게 속아 위 금 3천만 원을 편취당한 사실을 뒤늦게 알게 되었습니다. 이에 채권자는 채무자에게 강력히 항의하고 형사고소를 하겠다고 통고하자 채무자는 2000. 00. 00. 위 금 3천만 원을 보관하고 있다는 보관증을 작성해 주고 그 다음 달까지 모두 갚겠다고 약속하였습니다.

4. 하지만 채무자는 채권자와 약속한 위 날짜를 어기고 계속되는 채권자의 독촉에 결국 잠적해 버리고 핸드폰도 두절시켜 버렸습니다. 이에 채권자는 부득이 이 사건 청구에 이르렀습니다.

【유사사건 판례요지】

[1] 채무의 액수에 관하여 다툼이 있는 경우에 채무자가 채무 전액의 변제임을 공탁원인 중에 밝히고 공탁을 하였는데, 채권자가 그 공탁금을 수령하면서 공탁공무원이나 채무자에게 채권의 일부로 수령한다는 등 이의 유보 의사표시를 한 바 없다면, 채권자는 그 공탁 취지에 따라 이를 수령하였다고 보아야 하지만, 공탁금 수령시 채무자에 대한 이의 유보 의사표시는 반드시 명시적으로 하여야 하는 것은 아니다.

[2] 채권자가 제기한 대여금 청구소송에서 채무자와 채권자 간에 이자의 약정 여부에 관하여 다툼이 있던 중 채무자가 채권자를 공탁물수령자로 하여 원금과 법정이율에 의한 이자를 변제공탁하자 채권자가 그 공탁금을 원금과 약정이율에 따른 이자에 충당하는 방법으로 계산한 뒤 남은 금액을 청구금액으로 하여 청구취지를 감축하고 그 청구취지감축 및 원인변경 신청서가 채무자에게 송달된 후에 공탁금을 수령한 경우, 위 공탁금 수령시 채권의 일부로 수령한다는 채권자의 묵시적인 이의 유보의 의사표시가 있었다고 본 사례
(출처 : 대법원 1997. 11. 11. 선고 97다37784 판결)

[사례45] 권리금 I (바닥권리금)

지급명령신청서

채 권 자   유○열   (000000-0000000)
　　　　　충청남도 대전시 00구 00동 000-00　　　　　　(우:00000)
　　　　　연락처 : 000-0000-0000

채 무 자   오○수 (000000-0000000)
　　　　　서울 00구 00동 0000길 00, 000동 000호(00동,0000아파트)(우:00000)
　　　　　연락처 : 000-0000-0000

권리금반환 청구 지급명령

청 구 취 지

채무자는 채권자에게 금 300,000,000원 및 이에 대하여 이 사건 지급명령정본 송달일 다음날부터 다 갚는 날까지는 연 12%의 각 비율에 의한 돈 및 다음 독촉절차비용을 지급 지급하라.
라는 명령을 구합니다.

독촉절차비용   금000,000원
　내역 : 인지대 금000,000원, 송달료 금00,000원, 서기료 금000,000원

청 구 원 인

1. 채무자는 서울 강남구 00동 00-00 위 지상 5층 건물의 소유자이고, 채권

자는 이 건물 1층 101호(약70평)를 임차한 자입니다.

2. 채권자는 채무자와 2000. 00. 00. 위 101호를 임대차기간 2000. 00. 00. 부터 2000. 00. 00.까지, 보증금은 금 10억 원, 임대료는 1개월 금 1천만 원을 매월 말일 지급키로 하여 약정하면서 속칭 바닥권리금조로 금 3억 원을 지급하면서, 임대차기간이 만료되어 계약을 해제하고 위 점포를 소유자에게 인도하는 경우에 위 권리금을 반환받기로 특약을 하였습니다.

3. 채권자는 2000. 00. 00. 위 임차기간의 만료로 위 점포 임대차를 채무자와 합의하여 해제하고 채무자에게 위 점포를 인도하였고, 채무자는 바로 다음 날 채권자의 통장으로 위 권리금을 반환키로 약속하였습니다. 그런데 채무자가 위와 같은 약속을 어기고 위 권리금 지급을 차일피일 미루기만 하여 채권자는 부득이 이 사건 청구에이르게 되었습니다.

첨 부 서 류

1. 임대차계약서   1 부
1. 영수증   1 부
1. 통장사본   1 부

2000. 00. 00.

채 권 자   유 ○ 열   (인)

서울중앙지방법원 귀중

당 사 자 표 시

채 권 자   유○열   (000000-0000000)
            충청남도 대전시 00구 00동 000-00   (우:00000)
            연락처 : 000-0000-0000

채 무 자   오○수 (000000-0000000)
            서울 00구 00동 0000길 00, 000동 000호(00동,0000아파트)(우:00000)
            연락처 : 000-0000-0000

권리금반환 청구 지급명령

청 구 취 지

채무자는 채권자에게 금 300,000,000원 및 이에 대하여 이 사건 지급명령정본 송달일 다음날부터 다 갚는 날까지는 연 12%의 각 비율에 의한 돈 및 다음 독촉절차비용을 지급 지급하라.
라는 명령을 구합니다.

독촉절차비용   금000,000원
  내역 : 인지대 금000,000원, 송달료 금00,000원, 서기료 금000,000원

청 구 원 인

1. 채무자는 서울 강남구 00동 00-00 위 지상 5층 건물의 소유자이고, 채권자는 이 건물 1층 101호(약70평)를 임차한 자입니다.

2. 채권자는 채무자와 2000. 00. 00. 위 101호를 임대차기간 2000. 00. 00.

부터 2000. 00. 00.까지, 보증금은 금 10억 원, 임대료는 1개월 금 1천만 월을 매월 말일 지급키로 하는 약정을 하면서 속칭 바닥권리금조로 금 3억 원을 지급하면서, 임대차기간이 만료되어 계약을 해제하고 위 점포를 소유자에게 인도하는 경우에 위 권리금을 반환받기로 특약을 하였습니다.

3. 채권자는 2000. 00. 00. 위 임차기간의 만료로 위 점포 임대차를 채무자와 합의하여 해제하고 채무자에게 위 점포를 인도하였고, 채무자는 바로 다음 날 채권자의 통장으로 위 권리금을 반환키로 약속하였습니다. 그런데 채무자가 위와 같은 약속을 어기고 위 권리금 지급을 차일피일 미루기만 하여 채권자는 부득이 이 사건 청구에이르게 되었습니다.

【유사사건 판례요지】

영업용 건물의 임대차에 수반되어 행하여지는 권리금의 지급은 임대차계약의 내용을 이루는 것은 아니고 권리금 자체는 거기의 영업시설·비품 등 유형물이나 거래처, 신용, 영업상의 노우하우(know-how) 또는 점포 위치에 따른 영업상의 이점 등 무형의 재산적 가치의 양도 또는 일정 기간 동안의 이용대가라고 볼 것인바, 권리금이 임차인으로부터 임대인에게 지급된 경우에, 그 유형·무형의 재산적 가치의 양수 또는 약정기간 동안의 이용이 유효하게 이루어진 이상 임대인은 그 권리금의 반환의무를 지지 아니하며, 다만 임차인은 당초의 임대차에서 반대되는 약정이 없는 한 임차권의 양도 또는 전대차의 기회에 부수하여 자신도 그 재산적 가치를 다른 사람에게 양도 또는 이용케 함으로써 권리금 상당액을 회수할 수 있을 것이고, 따라서 임대인이 그 임대차의 종료에 즈음하여 그 재산적 가치를 도로 양수한다든지 권리금 수수 후 일정한 기간 이상으로 그 임대차를 존속시켜 그 가치를 이용케 하기로 약정하였음에도 임대인의 사정으로 중도 해지됨으로써 약정기간 동안의 그 재산적 가치를 이용케 해주지 못하였다는 등의 특별한 사정이 있을 때에만 임대인은 그 권리금 전부 또는 일부의 반환의무를 진다고 할 것이다.
(출처 : 대법원 2001. 4. 10. 선고 2000다59050 판결)

[사례46] 권리금 II (경업금지의무위반)

지급명령신청서

채 권 자   박○규   (000000-0000000)
　　　　　서울 00구 00동 0000길 00, 000동 000호　　　　(우:00000)
　　　　　연락처 : 000-0000-0000

채 무 자   김○석   (000000-0000000)
　　　　　서울 00구 00동 0000길 00, 000동 000호(00동,0000아파트)(우:00000)
　　　　　연락처 : 000-0000-0000

권리금반환 청구 지급명령

청 구 취 지

채무자는 채권자에게 금 50,000,000원 및 이에 대하여 이 사건 지급명령정본 송달일 다음날부터 다 갚는 날까지는 연 12%의 각 비율에 의한 돈 및 다음 독촉절차비용을 지급 지급하라.
라는 명령을 구합니다.

독촉절차비용　　금000,000원
　내역 : 인지대 금000,000원, 송달료 금00,000원, 서기료 금000,000원

청 구 원 인

1. 채권자는 서울시 중구 000로 000-00에서 "000당구장"이라는 상호로 당구

장업을 하고 있는 자이고, 채무자는 서울시 중구 000로 000-0에서 "00당구장"이라는 상호로 당구장업을 하고 있는 자입니다.

2. 채무자는 2000. 00. 00. 채권자와 채권자가 현재 운영하고 있는 서울시 중구 000로 000-00 소재 "000당구장"에 대하여 권리양수도계약을 체결하였고, 그 대가로 채권자로부터 권리금 금 5천만 원을 지급받았으며, 채권자는 위 당구장 건물에 소유자와 보증금 2억 원에 월세 3백만 원의 임대차계약도 체결하고 그 영업을 해오고 있습니다.

3. 그런데 채권자가 위 영업을 시작한지 3개월 정도가 경과되었을 때 채무자는 채권자의 당구장에서 불과 100미터 가량 떨어진 서울시 중구 000로 000-0 소재 "00당구장"을 개업하고 그 영업을 하고 있습니다. 하지만 이는 채무자가 상법상 경업금지의무를 위반한 것으로 채권자는 채무자에게 위 권리양수양도계약을 해제하겠다는 의사와 권리금을 반환할 것을 2000. 00. 00.자 내용증명으로 통보하였습니다.

4. 따라서 채권자는 채무자로부터 위 권리양수양도계약에 따른 권리금을 반환받기 위하여 이 사건 신청에 이르게 되었습니다.

첨 부 서 류

1. 임대차계약서	1 부
1. 영수증(권리금)	1 부
1. 내용증명	1 부

2000. 00. 00.

채 권 자　　박 ○ 규　　（인）

서울중앙지방법원 귀중

당 사 자 표 시

채 권 자   박○규   (000000-0000000)
　　　　　서울 00구 00동 0000길 00, 000동 000호　　　　　(우:00000)
　　　　　연락처 : 000-0000-0000

채 무 자   김○석   (000000-0000000)
　　　　　서울 00구 00동 0000길 00, 000동 000호(00동,0000아파트)(우:00000)
　　　　　연락처 : 000-0000-0000

권리금반환 청구 지급명령

청 구 취 지

채무자는 채권자에게 금 50,000,000원 및 이에 대하여 이 사건 지급명령정본 송달일 다음날부터 다 갚는 날까지는 연 12%의 각 비율에 의한 돈 및 다음 독촉절차비용을 지급 지급하라.
라는 명령을 구합니다.

독촉절차비용　금000,000원
　내역 : 인지대 금000,000원, 송달료 금00,000원, 서기료 금000,000원

청 구 원 인

1. 채권자는 서울시 중구 000로 000-00에서 "000당구장"이라는 상호로 당구장업을 하고 있는 자이고, 채무자는 서울시 중구 000로 000-0에서 "00당구장"이라는 상호로 당구장업을 하고 있는 자입니다.

2. 채무자는 2000. 00. 00. 채권자와 채권자가 현재 운영하고 있는 서울시 중구 000로 000-00 소재 "000당구장"에 대하여 권리양수도계약을 체결하였고, 그 대가로 채권자로부터 권리금 금 5천만 원을 지급받았으며, 채권자는 위 당구장 건물의 소유자와 보증금 2억 원에 월세 3백만 원의 임대차계약도 체결하고 그 영업을 해오고 있습니다.

3. 그런데 채권자가 위 영업을 시작한지 3개월 정도가 경과되었을 때 채무자는 채권자의 당구장에서 불과 100미터 가량 떨어진 서울시 중구 000로 000-0 소재 "00당구장"을 개업하고 그 영업을 하고 있습니다. 하지만 이는 채무자가 상법상 경업금지의무를 위반한 것으로 채권자는 채무자에게 위 권리양수양도계약을 해제하겠다는 의사와 권리금을 반환할 것을 2000. 00. 00.자 내용증명으로 통보하였습니다.

4. 따라서 채권자는 채무자로부터 위 권리양수양도계약에 따른 권리금을 반환받기 위하여 이 사건 신청에 이르게 되었습니다.

【유사사건 판례요지】

권리금은 상가건물의 영업시설·비품 등 유형물이나 거래처, 신용, 영업상의 노하우(know-how) 혹은 점포 위치에 따른 영업상의 이점 등 무형의 재산적 가치의 양도 또는 일정 기간 동안의 이용대가이다. 임차권양도계약에 수반되어 체결되는 권리금계약은 임차권양도계약과는 별개의 계약이지만 위 두 계약의 체결 경위와 계약 내용 등에 비추어 볼 때, 권리금계약이 임차권양도계약과 결합하여 전체가 경제적·사실적으로 일체로 행하여진 것으로서, 어느 하나의 존재 없이는 당사자가 다른 하나를 의욕하지 않았을 것으로 보이는 경우에는 그 계약 전부가 하나의 계약인 것과 같은 불가분의 관계에 있다고 보아야 한다.
(출처 : 대법원 2017. 7. 11. 선고 2016다261175 판결)

[사례47] 부당이득금 I (송금오류)

지급명령신청서

채 권 자   심○철   (000000-0000000)
　　　　　　부산시 000구 00동 000-00, 00연립 000호   (우:00000)
　　　　　　연락처 : 000-0000-0000

채 무 자   조○수   (000000-0000000)
　　　　　　부산시 00구 00동 000길 00, 00동 000호(00동,00아파트)(우:00000)
　　　　　　연락처 : 000-0000-0000

부당이득금반환 청구 지급명령

청 구 취 지

채무자는 채권자에게 금 102,000,000원 및 이에 대하여 이 사건 지급명령정본 송달일 다음날부터 다 갚는 날까지는 연 12%의 각 비율에 의한 돈 및 다음 독촉절차비용을 지급 지급하라.
라는 명령을 구합니다.

독촉절차비용   금00,000원
　내역 : 인지대 금0,000원, 송달료 금00,000원.

청 구 원 인

1. 채권자는 이 사건 금 1천만 원을 착오에 의해 잘못 송금한 자이고, 채무자

는 채권자가 식당을 하면서 거래하는 식재료 납품업자입니다.

2. 채권자는 2000. 00. 00. 채권자의 식당 컴퓨터로 거래처에 송금을 하던 중, 착오로 채무자의 00은행 0000-0000-0000계좌로 금 1천만 원을 온라인 송금하였습니다. 그런데 위 돈은 채무자가 아닌 신청외 주식회사 00식품으로 보내야 할 돈이었습니다.

3. 채무자는 위와 같은 채권자의 착오로 아무런 이유 없이 금 1천만 원의 부당이득을 취하였으므로, 채권자는 채무자를 찾아가 위 돈을 반환해 줄 것을 요구하였으나, 채무자는 송금자를 확인할 수 없어 보낼 수 없다고 처음에는 우기다가, 나중에는 돈을 보내주겠다고 말하면서도 차일피일 미루기만 하고 위 돈을 돌려주지 않아 채권자는 부득이 이 사건 청구에 이르게 되었습니다.

첨 부 서 류

1. 금융거래자료   1 부
1. 통장사본   1 부

2000. 00. 00.

채 권 자   심 ○ 철   (인)

부산지방법원 귀중

당 사 자 표 시

채 권 자   심○철   (000000-0000000)
　　　　　부산시 000구 00동 000-00, 00연립 000호　　　(우:00000)
　　　　　연락처 : 000-0000-0000

채 무 자   조○수   (000000-0000000)
　　　　　부산시 00구 00동 000길 00, 00동 000호(00동,00아파트) (우:00000)
　　　　　연락처 : 000-0000-0000

부당이득금반환 청구 지급명령

청 구 취 지

채무자는 채권자에게 금 10,000,000원 및 이에 대하여 이 사건 지급명령정본 송달일 다음날부터 다 갚는 날까지는 연 12%의 각 비율에 의한 돈 및 다음 독촉절차비용을 지급 지급하라.
라는 명령을 구합니다.

독촉절차비용　금00,000원
　내역 : 인지대 금0,000원, 송달료 금00,000원.

청 구 원 인

1. 채권자는 이 사건 금 1천만 원을 착오에 의해 잘못 송금한 자이고, 채무자는 채권자가 식당을 하면서 거래하는 식재료 납품업자입니다.

2. 채권자는 2000. 00. 00. 채권자의 식당 컴퓨터로 거래처에 송금을 하던

중, 착오로 채무자의 ○○은행 0000-0000-0000계좌로 금 1천만 원을 온라인 송금하였습니다. 그런데 위 돈은 채무자가 아닌 신청외 주식회사 ○○식품으로 보내야 할 돈이었습니다.

3. 채무자는 위와 같은 채권자의 착오로 아무런 이유 없이 금 1천만 원의 부당이득을 취하였으므로, 채권자는 채무자를 찾아가 위 돈을 반환해 줄 것을 요구하였으나, 채무자는 송금자를 확인할 수 없어 보낼 수 없다고 처음에는 우기다가, 나중에는 돈을 보내주겠다고 말하면서도 차일피일 미루기만 하고 위 돈을 돌려주지 않아 채권자는 부득이 이 사건 청구에 이르게 되었습니다.

【유사사건 판례요지】

[1] 토지의 상공에 고압전선이 통과함으로써 토지소유자가 그 토지 상공의 이용을 제한받는 경우, 그 토지소유자는 위 전선을 소유하는 자에게 이용이 제한되는 상공 부분에 대한 임료 상당액의 부당이득금 반환을 구할 수 있고, 이 때 고압전선이 통과하고 있는 상공 부분과 관계 법령에서 고압전선과 건조물 사이에 일정한 거리를 유지하도록 규정하고 있는 경우 그 거리 내의 상공 부분은 토지소유자의 이용이 제한되고 있다고 볼 수 있다.

[2] 고압전선의 경우 양쪽의 철탑으로부터 아래로 늘어져 있어 강풍 등이 부는 경우에 양쪽으로 움직이는 횡진현상이 발생할 수 있는데, 그 최대횡진거리 내의 상공 부분은 횡진현상이 발생할 가능성이 있는 것에 불과하므로 일반적으로는 토지소유자가 그 이용에 제한을 받고 있다고 볼 수 없으나, 최대횡진거리 내의 상공 부분이라도 토지소유자의 이용이 제한되고 있다고 볼 특별한 사정이 있는 경우에는 그 토지소유자는 고압전선의 소유자에게 그 부분에 대한 임료 상당액의 부당이득금 반환을 구할 수 있다.
(출처 : 대법원 2009. 1. 15. 선고 2007다58544 판결)

[사례48] 부당이득금 II (이중변제)

지급명령신청서

채 권 자   서○형   (000000-0000000)
          서울 00구 00동 0000길 00, 000동 000호(00동,000아파트) (우:00000)
          연락처 : 000-0000-0000

채 무 자   최○수 (000000-0000000)
          서울 00구 00동 0000길 00, 000동 000호(00동,000아파트) (우:00000)
          연락처 : 000-0000-0000

부당이득금반환 청구 지급명령

청 구 취 지

채무자는 채권자에게 금 1,000,000원 및 이에 대하여 이 사건 지급명령정본 송달일 다음날부터 다 갚는 날까지는 연 12%의 각 비율에 의한 돈 및 다음 독촉절차비용을 지급 지급하라.
라는 명령을 구합니다.

독촉절차비용   금000,000원
   내역 : 인지대 금000,000원, 송달료 금00,000원, 서기료 금000,000원

청 구 원 인

1. 채무자는 서울 00구 00동 00-00 소재 "000마트"라는 상호의 유통업에 종사하는 자이고, 채권자는 위 마트 인근에 거주하는 자로 위 마트의 고객이기도

합니다. 또한 채권자와 채무자는 같은 아파트에 거주하는 이웃이기도 합니다.

2. 채권자는 2000. 00. 00.경 급하게 사용하여야 할 돈이 있어 채무자를 찾아가 금 1백만 원을 빌린 사실이 있습니다. 그리고 그런 사실을 알고 있는 채권자의 처(김○자)가 위 돈을 빌린 지 약 1주일 후에 채무자의 처(이○순)에게 위 마트에 물건을 사러 갔다가 식료품 등의 물건을 사고 그 계산을 하면서 위 차용금 금 1백만 원을 카드로 같이 결제하였습니다.

3. 그런데 채권자의 처가 그런 사실을 채권자에게 알려주지 않아 채권자가 모르고 있었고, 채권자는 위 돈을 빌린지 2개월 정도 경과하여 채무자에게 다시 금 1백만 원을 상환하여 결국 위 빌린 돈 1백만 원을 두 번 지급하게 되었습니다. 이에 채권자는 채무자에게 위와 같은 사실을 알리고 1백만 원을 반환하여 줄 것을 요구하였으나, 채무자는 채권자의 처가 카드로 결제한 사실이 확인되지 않는다면서 그 반환을 거절하고 있습니다.

4. 이에 채권자는 2중으로 변제한 위 금 1백만 원을 반환 받기 위하여 부득이 이 사건 신청에 이르게 되었습니다.

첨 부 서 류

1. 카드사용내역서　　　　　　　　　　　　　　　　1 부

2000. 00. 00.

채 권 자　　서 ○ 형　　　(인)

서울중앙지방법원 귀중

당 사 자 표 시

채 권 자   서○형   (000000-0000000)
　　　　　서울 00구 00동 0000길 00, 000동 000호(00동,000아파트)(우:00000)
　　　　　연락처 : 000-0000-0000

채 무 자   최○수 (000000-0000000)
　　　　　서울 00구 00동 0000길 00, 000동 000호(00동,000아파트)(우:00000)
　　　　　연락처 : 000-0000-0000

부당이득금반환 청구 지급명령

청 구 취 지

채무자는 채권자에게 금 1,000,000원 및 이에 대하여 이 사건 지급명령정본 송달일 다음날부터 다 갚는 날까지는 연 12%의 각 비율에 의한 돈 및 다음 독촉절차비용을 지급 지급하라.
라는 명령을 구합니다.

독촉절차비용　금000,000원
　내역 : 인지대 금000,000원, 송달료 금00,000원, 서기료 금000,000원

청 구 원 인

1. 채무자는 서울 00구 00동 00-00 소재 "000마트"라는 상호의 유통업에 종사하는 자이고, 채권자는 위 마트 인근에 거주하는 자로 위 마트의 고객이기도 합니다. 또한 채권자와 채무자는 같은 아파트에 거주하는 이웃이기도 합니다.

2. 채권자는 2000. 00. 00.경 급하게 사용하여야 할 돈이 있어 채무자를 찾아가 금 1백만 원을 빌린 사실이 있습니다. 그리고 그런 사실을 알고 있는 채권자의 처(김○자)가 위 돈을 빌린 지 약 1주일 후에 채무자의 처(이○순)에게 위 마트에 물건을 사러 갔다가 식료품 등의 물건을 사고 그 계산을 하면서 위 차용금 금 1백만 원을 카드로 같이 결제하였습니다.

3. 그런데 채권자의 처가 그런 사실을 채권자에게 알려주지 않아 채권자가 모르고 있었고, 채권자는 위 돈을 빌린지 2개월 정도 경과하여 채무자에게 다시 금 1백만 원을 상환하여 결국 위 빌린 돈 1백만 원을 두 번 지급하게 되었습니다. 이에 채권자는 채무자에게 위와 같은 사실을 알리고 1백만 원을 반환하여 줄 것을 요구하였으나, 채무자는 채권자의 처가 카드로 결제한 사실이 확인되지 않는다면서 그 반환을 거절하고 있습니다.

4. 이에 채권자는 2중으로 변제한 위 금 1백만 원을 반환 받기 위하여 부득이 이 사건 신청에 이르게 되었습니다.

【유사사건 판례요지】

매도인이 소유하는 회사의 주식 일체(자산과 부채)를 매수인에게 매도함에 있어 그 매매계약서의 별지에 회사의 채무가 기재되었으나 이는 매도인의 일단의 제시액으로서 쌍방의 협의를 거쳐 채무를 확정한 다음 매수인이 그 확정채무의 변제를 위하여 지급한 금액을 그 주식매매대금에서 공제하기로 약정한 것으로 인정된다면, 매수인이 그 변제를 위하여 지급한 금원 중 일부에 해당하는 채무가 존재하지 아니하여 변제가 성립하지 아니하는 임의지급금까지 매매대금에서 공제하기로 약정한 것으로 볼 수는 없으므로, 매수인이 그 별지 기재 채무 중 이미 변제된 금액을 이중지급한 금원은 매매대금에서 공제할 수 없다고 한 사례
(출처 : 대법원 1994. 10. 7. 선고 93다43064 판결)

[사례49] 계약금 반환

지급명령신청서

채 권 자 남○철   (000000-0000000)
　　　　　서울시 000구 00동 000-00, 00연립 000호　　　(우:00000)
　　　　　연락처 : 000-0000-0000

채 무 자 김○영   (000000-0000000)
　　　　　서울시 00구 00동 000길 00, 00동 000호(00동,00아파트) (우:00000)
　　　　　연락처 : 000-0000-0000

계약금반환 청구 지급명령

청 구 취 지

채무자는 채권자에게 금10,000,000원 및 이에 대하여 이 사건 지급명령정본 송달일 다음날부터 다 갚는 날까지는 연 12%의 각 비율에 의한 돈 및 다음 독촉절차비용을 지급 지급하라.
라는 명령을 구합니다.

독촉절차비용　　금000,000원
　내역 : 인지대 금0,000원, 송달료 금00,000원, 서기료 금000,000원

청 구 원 인

1. 채권자는 2000. 00. 00. 채무자와 채무자의 경기도 부천시 00구 00동 소

재 ㅇㅇ목재상에서 가구목재 매매대금 1억 원 어치를 매수하는 계약을 체결하고 계약 당일 계약금으로 금 10,000,000원을 지급하였으며 잔금은 다음 달 말일에 지급하기로 하였습니다.

2. 그런데 채무자는 같은 달 ㅇㅇ일 위 목재상 안에 있던 가구용 목재들을 모두 채무자의 비밀창고로 옮겨두고 위 1억 원 외에 금 5천만 원을 더 주지 않으면 매도할 수 없다고 억지를 부리며 위 계약의 변경을 요구하였습니다. 이에 채권자를 채무자의 요구가 부당하므로 위 매매계약을 해제하고 같은 달 ㅇㅇ일 내용증명으로 위 계약을 해제하고 같은 달 말일까지 계약금 금1천만 원을 반환할 것을 요구하였습니다.

3. 하지만 채무자는 위 계약금 반환을 거부하며 금 2천만 원만 매매대금으로 더 달라고 요구하며 계속 억지를 부리고 있어 채권자는 부득이 이 사건 청구에 이르게 되었습니다.

첨 부 서 류

1. 매매계약서	1 부
1. 통장사본	1 부
1. 내용증명	1 부

2000. 00. 00.

채 권 자   남 ○ 철   (인)

서울서부지방법원 귀중

당 사 자 표 시

채 권 자   남○철   (000000-0000000)
　　　　　서울시 000구 00동 000-00, 00연립 000호   (우:00000)
　　　　　연락처 : 000-0000-0000

채 무 자   김○영   (000000-0000000)
　　　　　서울시 00구 00동 000길 00, 00동 000호(00동, 00아파트) (우:00000)
　　　　　연락처 : 000-0000-0000

계약금반환 청구 지급명령

청 구 취 지

채무자는 채권자에게 금 10,000,000원 및 이에 대하여 이 사건 지급명령정본 송달일 다음날부터 다 갚는 날까지는 연 12%의 각 비율에 의한 돈 및 다음 독촉절차비용을 지급 지급하라.
라는 명령을 구합니다.

독촉절차비용   금000,000원
　내역 : 인지대 금0,000원, 송달료 금00,000원, 서기료 금000,000원

청 구 원 인

1. 채권자는 2000. 00. 00. 채무자와 채무자의 경기도 부천시 00구 00동 소재 00목재상에서 가구목재 매매대금 1억 원 어치를 매수하는 계약을 체결하고 계약 당일 계약금으로 금 1천만 원을 지급하였으며 잔금은 다음 달 말일에 지급하기로 하였습니다.

2. 그런데 채무자는 같은 달 00일 위 목재상 안에 있던 가구용 목재들을 모두 채무자의 비밀창고로 옮겨두고 위 1억 원 외에 금 5천만 원을 더 주지 않으면 매도할 수 없다고 억지를 부리며 위 계약의 변경을 요구하였습니다. 이에 채권자를 채무자의 요구가 부당하므로 위 매매계약을 해제하고 같은 달 00일 내용증명으로 위 계약을 해제하고 같은 달 말일까지 계약금 금 1천만 원을 반환할 것을 요구하였습니다.

3. 하지만 채무자는 위 계약금 반환을 거부하며 금 2천만 원만 매매대금으로 더 달라고 요구하며 계속 억지를 부리고 있어 채권자는 부득이 이 사건 청구에 이르게 되었습니다.

【유사사건 판례요지】

[1] 법원이 손해배상의 예정액을 부당히 과다하다고 하여 감액하려면 채권자와 채무자의 경제적 지위, 계약의 목적과 내용, 손해배상액을 예정한 경위와 동기, 채무액에 대한 예정액의 비율, 예상 손해액의 크기, 당시의 거래 관행과 경제상태 등을 참작한 결과 손해배상 예정액의 지급이 경제적 약자의 지위에 있는 채무자에게 부당한 압박을 가하여 공정을 잃는 결과를 초래한다고 인정되는 경우라야 하고, 단지 예정액 자체가 크다든가 계약 체결 시부터 계약 해제 시까지의 시간적 간격이 짧다든가 하는 사유만으로는 부족하다.

[2] 임차인 갑이 임대인 을과의 임대차계약에서 채무불이행에 따른 손해배상액으로 예정한 계약금이 임대차계약의 잔금 지급기일로부터 3일 만에 해제된 사정을 고려하면 부당히 과다하다고 주장하면서 을을 상대로 계약금 반환 등을 구한 사안에서, 임대차계약 해제 시까지의 시간적 간격이 짧다는 사정만을 근거로 손해배상 예정액이 부당하게 과다하다고 본 원심판결에 법리오해의 잘못이 있다고 한 사례
(출처 : 대법원 2014. 7. 24. 선고 2014다209227 판결)

[사례50] 중개수수료

지급명령신청서

채 권 자   이○만   (000000-0000000)
　　　　　　서울 000구 00동 000-00, 000부동산공인중개사   (우:00000)
　　　　　　연락처 : 000-0000-0000

채 무 자   정○기   (000000-0000000)
　　　　　　서울시 00구 00동 000길 00, 00동 000호(00동, 00아파트) (우:00000)
　　　　　　연락처 : 000-0000-0000

계약금반환 청구 지급명령

청 구 취 지

채무자는 채권자에게 금 2,700,000원 및 이에 대하여 이 사건 지급명령정본 송달일 다음날부터 다 갚는 날까지는 연 12%의 각 비율에 의한 돈 및 다음 독촉절차비용을 지급 지급하라.
라는 명령을 구합니다.

독촉절차비용   금000,000원
　　내역 : 인지대 금0,000원, 송달료 금00,000원, 서기료 금000,000원

청 구 원 인

1. 채권자는 위 주소지에서 부동산공인중개사업을 하는 자이고, 채무자는 채권

자에게 전셋집을 구해 달라고 의뢰하였던 자입니다.

2. 채무자는 2000. 00. 00.경 채권자를 찾아와 인근 OO아파트의 전셋집을 구해줄 것을 의뢰하여, 채권자의 중개로 2000. 00. 00. 서울 OO구 OO동 OOO번지 소재 OO아파트 OOO동 OOOO호 전세계약(전세금 3억 원)을 채결하고, 같은 달 말일 경 위 아파트에 입주하였습니다.

3. 그런데 채무자는 위 전세계약을 할 당시 약속하였던 중개수수료 270만원을 채권자에게 지급하지 않아 채권자는 수차례에 걸쳐 전화를 하고 내용증명도 보내는 방법으로 위 수수료의 지급을 독촉하였습니다. 하지만 채무자는 전셋집이 마음에 들지 않는다느니 전세금이 너무 많다느니 하는 핑계를 대면서 결국 채권자에게 위 중개수수료를 지급하지 않아 채권자는 부득이 이 사건 청구에 이르게 되었습니다.

첨 부 서 류

1. 전세계약서	1 부
1. 등기부등본	1 부
1. 내용증명	1 부

2000. 00. 00.

채 권 자   이 ○ 만   (인)

서울남부지방법원 귀중

당 사 자 표 시

채 권 자   이○만   (000000-0000000)
          서울 000구 00동 000-00, 000부동산공인중개사   (우:00000)
          연락처 : 000-0000-0000

채 무 자   정○기   (000000-0000000)
          서울시 00구 00동 000길 00, 00동 000호(00동, 00아파트)   (우:00000)
          연락처 : 000-0000-0000

계약금반환 청구 지급명령

청 구 취 지

채무자는 채권자에게 금 2,700,000원 및 이에 대하여 이 사건 지급명령정본 송달일 다음날부터 다 갚는 날까지는 연 12%의 각 비율에 의한 돈 및 다음 독촉절차비용을 지급 지급하라.
라는 명령을 구합니다.

독촉절차비용   금000,000원
  내역 : 인지대 금0,000원, 송달료 금00,000원, 서기료 금000,000원

청 구 원 인

1. 채권자는 위 주소지에서 부동산공인중개사업을 하는 자이고, 채무자는 채권자에게 전셋집을 구해 달라고 의뢰하였던 자입니다.

2. 채무자는 2000. 00. 00.경 채권자를 찾아와 인근 00아파트의 전셋집을 구해줄 것을 의뢰하여, 채권자의 중개로 2000. 00. 00. 서울 00구 00동 000

번지 소재 00아파트 000동 0000호 전세계약(전세금 3억 원)을 채결하고, 같은 달 말일 경 위 아파트에 입주하였습니다.

3. 그런데 채무자는 위 전세계약을 할 당시 약속하였던 중개수수료 270만원을 채권자에게 지급하지 않아 채권자는 수차례에 걸쳐 전화를 하고 내용증명도 보내는 방법으로 위 수수료의 지급을 독촉하였습니다. 하지만 채무자는 전셋집이 마음에 들지 않는다느니 전세금이 너무 많다느니 하는 핑계를 대면서 결국 채권자에게 위 중개수수료를 지급하지 않아 채권자는 부득이 이 사건 청구에 이르게 되었습니다.

【유사사건 판례요지】

구 부동산중개업법(2005. 7. 29. 법률 제7638호 공인중개사의 업무 및 부동산 거래신고에 관한 법률로 전부 개정되기 전의 것)은 부동산중개업을 건전하게 지도·육성하고 부동산중개업무를 적절히 규율함으로써 부동산중개업자의 공신력을 높이고 공정한 부동산거래질서를 확립하여 국민의 재산권 보호에 기여함을 입법 목적으로 하고 있으므로(법 제1조), 공인중개사 자격이 없는 자가 중개사무소 개설등록을 하지 아니한 채 부동산중개업을 하면서 체결한 중개수수료 지급약정의 효력은 이와 같은 입법 목적에 비추어 해석되어야 한다. 그런데 공인중개사 자격이 없는 자가 부동산중개업 관련 법령을 위반하여 중개사무소 개설등록을 하지 아니한 채 부동산중개업을 하면서 체결한 중개수수료 지급약정에 따라 수수료를 받는 행위는 투기적·탈법적 거래를 조장하여 부동산거래질서의 공정성을 해할 우려가 있다. 또한 부동산중개업 관련 법령의 주된 규율대상인 부동산이 그 거래가격이 상대적으로 높은 점에 비추어 전문성을 갖춘 공인중개사가 부동산거래를 중개하는 것은 부동산거래사고를 사전에 예방하고, 만약의 경우 사고가 발생하더라도 보증보험 등에 의한 손해전보를 보장할 수 있는 등 국민 개개인의 재산적 이해관계 및 국민생활의 편의에 미치는 영향이 매우 커서 이에 대한 규제가 강하게 요청된다. 이러한 사정을 종합적으로 고려하여 보면, 공인중개사 자격이 없어 중개사무소 개설등록을 하지 아니한 채 부동산중개업을 한 자에게 형사적 제재를 가하는 것만으로는 부족하고 그가 체결한 중개수수료 지급약정에 의한 경제적 이익이 귀속되는 것을 방지하여야 할 필요가 있고, 따라서 중개사무소 개설등록에 관한 구 부동산중개업법 관련 규정들은 공인중개사 자격이 없는 자가 중개사무소 개설등록을 하지 아니한 채 부동산중개업을 하면서 체결한 중개수수료 지급약정의 효력을 제한하는 이른바 강행법규에 해당한다.
(출처 : 대법원 2010. 12. 23. 선고 2008다75119 판결)

[사례51] 손해배상 I (사기)

지급명령신청서

채 권 자 유○길   (000000-0000000)
　　　　　경기도 00시 000구 00동 000-00　　　　　　　　(우:00000)
　　　　　연락처 : 000-0000-0000

채 무 자 남○민   (000000-0000000)
　　　　　경기도 00시 000구 00동 000-00　　　　　　　　(우:00000)
　　　　　연락처 : 000-0000-0000

손해배상 청구 지급명령

청 구 취 지

채무자는 채권자에게 금 30,000,000원 및 이에 대하여 이 사건 지급명령정본 송달일 다음날부터 다 갚는 날까지는 연 12%의 각 비율에 의한 돈 및 다음 독촉절차비용을 지급 지급하라.
라는 명령을 구합니다.

독촉절차비용　　금000,000원
　내역 : 인지대 금00,000원, 송달료 금00,000원, 서기료 금000,000원

청 구 원 인

1. 채권자와 채무자는 약 2년 전부터 이웃지간으로 평소에 가깝게 지내던 사이입니다.

2. 채무자는 2000. 00. 00. 채권자의 집에서 처음부터 돈을 갚을 의사나 능력이 없음에도 불구하고 대학에 다니는 큰아들이 학교 부근 맥주집에서 다른 사람과 싸움을 하다가 술김에 병으로 상대방의 머리를 내리쳐 상대방이 크게 다쳤고, 경찰에 입건이 된 아들은 합의가 되지 않으면 구속이 될 것 같다고 거짓말 하며 3천만 원을 급히 빌려주면 1주일 안에 그 돈을 갚겠다고 말하면서 사정사정 부탁을 하였습니다.

3. 사정이 딱한 채무자의 말을 들은 채권자는 채무자의 말이 사실인 줄만 알고 이사를 가기 위해서 모아두었던 00은행 예금 중에서 3천만 원을 급히 인출하여 채무자에게 빌려주었으나, 채무자가 약속한 1주일이 지나도 채무자가 그 돈을 갚지 않아 채권자는 채무자의 집으로 찾아갔는데 마침 집에 있던 채무자의 큰아들을 만나 채권자가 왜 싸움을 했느냐고 묻게 되었습니다. 그런데 채무자의 큰아들은 자신이 싸운 사실이 없다고 말하며 어리둥절하였고, 이를 이상하게 생각한 채권자는 채무자에게 추궁하자 채무자는 돈이 급해 거짓말을 하였다고 이실직고 하였습니다.

4. 그 후 채무자는 채권자의 계속되는 상환독촉에도 차일피일 미루며 위 3천만 원을 갚지 않아 채권자는 부득이 채무자를 사기죄로 형사 고소하고, 이 사건 청구에 이르게 되었습니다.

첨 부 서 류

1. 통장사본   1 부
1. 고소장사본   1 부

2000. 00. 00.

채 권 자   유 ○ 길   (인)

인천지방법원 귀중

당 사 자 표 시

채 권 자   유○길   (000000-0000000)
　　　　　경기도 00시 000구 00동 000-00　　　　　　(우:00000)
　　　　　연락처 : 000-0000-0000

채 무 자   남○민   (000000-0000000)
　　　　　경기도 00시 000구 00동 000-00　　　　　　(우:00000)
　　　　　연락처 : 000-0000-0000

손해배상 청구 지급명령

청 구 취 지

채무자는 채권자에게 금 30,000,000원 및 이에 대하여 이 사건 지급명령정본 송달일 다음날부터 다 갚는 날까지는 연 12%의 각 비율에 의한 돈 및 다음 독촉절차비용을 지급 지급하라.
라는 명령을 구합니다.

독촉절차비용　금000,000원
　내역 : 인지대 금00,000원, 송달료 금00,000원, 서기료 금000,000원

청 구 원 인

1. 채권자와 채무자는 약 2년 전부터 이웃지간으로 평소에 가깝게 지내던 사이입니다.

2. 채무자는 2000. 00. 00. 채권자의 집에서 처음부터 돈을 갚을 의사나 능력이 없음에도 불구하고 대학에 다니는 큰아들이 학교 부근 맥주집에서 다른 사람과 싸움을 하다가 술김에 병으로 상대방의 머리를 내리쳐 상대방이 크게 다쳤고, 경찰에 입건이 된 아들은 합의가 되지 않으면 구속이 될 것 같

다고 거짓말 하며 3천만 원을 급히 빌려주면 1주일 안에 그 돈을 갚겠다고 말하면서 사정사정 부탁을 하였습니다.

3. 사정이 딱한 채무자의 말을 들은 채권자는 채무자의 말이 사실인 줄만 알고 이사를 가기 위해서 모아두었던 00은행 예금 중에서 3천만 원을 급히 인출하여 채무자에게 빌려주었으나, 채무자가 약속한 1주일이 지나도 채무자가 그 돈을 갚지 않아 채권자는 채무자의 집으로 찾아갔는데 마침 집에 있던 채무자의 큰아들을 만나 채권자가 왜 싸움을 했느냐고 묻게 되었습니다. 그런데 채무자의 큰아들은 자신이 싸운 사실이 없다고 말하며 어리둥절하였고, 이를 이상하게 생각한 채권자는 채무자에게 추궁하자 채무자는 돈이 급해 거짓말을 하였다고 이실직고 하였습니다.

4. 그 후 채무자는 채권자의 계속되는 상환독촉에도 차일피일 미루며 위 3천만 원을 갚지 않아 채권자는 부득이 채무자를 사기죄로 형사 고소하고, 이 사건 청구에 이르게 되었습니다.

【유사사건 판례요지】

[1] 임대차 목적물이 화재 등으로 인하여 소멸됨으로써 임차인의 목적물 반환의무가 이행불능이 된 경우에, 임차인은 이행불능이 자기가 책임질 수 없는 사유로 인한 것이라는 증명을 다하지 못하면 목적물 반환의무의 이행불능으로 인한 손해를 배상할 책임을 지며, 화재 등의 구체적인 발생 원인이 밝혀지지 아니한 때에도 마찬가지이다. 또한 이러한 법리는 임대차 종료 당시 임대차 목적물 반환의무가 이행불능 상태는 아니지만 반환된 임차 건물이 화재로 인하여 훼손되었음을 이유로 손해배상을 구하는 경우에도 동일하게 적용된다.
한편 임대인은 목적물을 임차인에게 인도하고 임대차계약 존속 중에 그 사용, 수익에 필요한 상태를 유지하게 할 의무를 부담하므로(민법 제623조), 임대차계약 존속 중에 발생한 화재가 임대인이 지배·관리하는 영역에 존재하는 하자로 인하여 발생한 것으로 추단된다면, 그 하자를 보수·제거하는 것은 임대차 목적물을 사용·수익하기에 필요한 상태로 유지하여야 하는 임대인의 의무에 속하며, 임차인이 하자를 미리 알았거나 알 수 있었다는 등의 특별한 사정이 없는 한, 임대인은 화재로 인한 목적물 반환의무의 이행불능 등에 관한 손해배상책임을 임차인에게 물을 수 없다.
(출처 : 대법원 2017. 5. 18. 선고 2012다86895, 86901 전원합의체 판결)

[사례52] 손해배상Ⅱ (불륜행위)

지급명령신청서

채 권 자   김○성   (000000-0000000)
　　　　　경기도 000시 000구 00동 000-00　　　　　　　(우:00000)
　　　　　연락처 : 000-0000-0000

채 무 자   이○남   (000000-0000000)
　　　　　경기도 00시 000구 00동 000-00　　　　　　　(우:00000)
　　　　　연락처 : 000-0000-0000

손해배상 청구 지급명령

청 구 취 지

채무자는 채권자에게 금 20,000,000원 및 이에 대하여 이 사건 지급명령정본 송달일 다음날부터 다 갚는 날까지는 연 12%의 각 비율에 의한 돈 및 다음 독촉절차비용을 지급 지급하라.
라는 명령을 구합니다.

독촉절차비용   금000,000원
　내역 : 인지대 금0,000원, 송달료 금00,000원, 서기료 금000,000원

청 구 원 인

1. 채권자는 신청외 박○선과 2000. 00. 00. 혼인신고를 마치고 같이 살아온 법률상부부이고, 채무자는 신청외 박○선이 채권자의 처인 사실을 알면서도

2000. 00. 00.부터 현재까지 불륜관계를 맺어온 자로 채권자와 신청외 박 ○선의 부부동동생활을 침해한 자입니다.

2. 신청외 박○선은 채권자와 슬하에 1남 1녀의 자녀를 두고 혼인생활을 해 오던 중인 2000. 00. 00.경 채무자와 눈이 맞아 불륜관계를 맺었고, 그 후 가정을 등한시하며 수도 없는 부부싸움을 채권자와 하게 되었습니다. 신청외 박○선은 2000. 00. 00경 채권자와 부부싸움을 하던 중, 자신이 채무자와 불륜관계를 맺고 있다는 사실을 고백하며 반성을 하기도 하여 채권자는 신청외 박○선에게 다시는 채무자와 불륜관계를 맺지 않겠다는 각서를 받아두고 용서를 하면서, 채무자를 만나 다시는 신청외 박○선을 만나지 않겠다는 다짐을 받아두기도 하였습니다.

3. 그러나 채무자는 채권자와의 약속을 어기고 이후에도 계속 신청외 박○선을 만나 불륜관계를 맺어왔고 결국 채권자와 신청외 박○선은 현재 00지방법원에서 이혼재판을 하기에 이르렀습니다. 따라서 채무자의 위와 같은 부정행위는 결국 채권자의 부부공동생활을 침해하고 채권자에게 정신적 고통을 가한 불법행위를 구성한다고 볼 것이기에 채권자는 부득이 이 사건 청구에 이르게 되었습니다.

첨 부 서 류

1. 각서 1 부
1. 위 이혼소장 사본 1 부

2000. 00. 00.

채 권 자   김 ○ 성   (인)

인천지방법원 00지원 귀중

당 사 자 표 시

채 권 자   김○성   (000000-0000000)
          경기도 000시 000구 00동 000-00   (우:00000)
          연락처 : 000-0000-0000

채 무 자   이○남   (000000-0000000)
          경기도 00시 000구 00동 000-00   (우:00000)
          연락처 : 000-0000-0000

손해배상 청구 지급명령

청 구 취 지

채무자는 채권자에게 금 20,000,000원 및 이에 대하여 이 사건 지급명령정본 송달일 다음날부터 다 갚는 날까지는 연 12%의 각 비율에 의한 돈 및 다음 독촉절차비용을 지급 지급하라.
라는 명령을 구합니다.

독촉절차비용   금000,000원
  내역 : 인지대 금0,000원, 송달료 금00,000원, 서기료 금000,000원

청 구 원 인

1. 채권자는 신청외 박○선과 2000. 00. 00. 혼인신고를 마치고 같이 살아온 법률상부부이고, 채무자는 신청외 박○선이 채권자의 처인 사실을 알면서도 2000. 00. 00.부터 현재까지 불륜관계를 맺어온 자로 채권자와 신청외 박

○선의 부부동동생활을 침해한 자입니다.

2. 신청외 박○선은 채권자와 슬하에 1남 1녀의 자녀를 두고 혼인생활을 해오던 중인 2000. 00. 00.경 채무자와 눈이 맞아 불륜관계를 맺었고, 그 후 가정을 등한시하며 수도 없는 부부싸움을 채권자와 하게 되었습니다. 신청외 박○선은 2000. 00. 00경 채권자와 부부싸움을 하던 중, 자신이 채무자와 불륜관계를 맺고 있다는 사실을 고백하며 반성을 하기도 하여 채권자는 신청외 박○선에게 다시는 채무자와 불륜관계를 맺지 않겠다는 각서를 받아두고 용서를 하면서, 채무자를 만나 다시는 신청외 박○선을 만나지 않겠다는 다짐을 받아두기도 하였습니다.

3. 그러나 채무자는 채권자와의 약속을 어기고 이후에도 계속 신청외 박○선을 만나 불륜관계를 맺어왔고 결국 채권자와 신청외 박○선은 현재 00지방법원에서 이혼재판을 하기에 이르렀습니다. 따라서 채무자의 위와 같은 부정행위는 결국 채권자의 부부공동생활을 침해하고 채권자에게 정신적 고통을 가한 불법행위를 구성한다고 볼 것이기에 채권자는 부득이 이 사건 청구에 이르게 되었습니다.

【유사사건 판례요지】

불법행위로 인한 손해배상청구권의 단기소멸시효 기산점이 되는 민법 제766조 제1항의 '손해 및 가해자를 안 날'이란 손해의 발생, 위법한 가해행위의 존재, 가해행위와 손해의 발생 사이에 상당인과관계가 있다는 사실 등 불법행위의 요건사실에 대하여 현실적이고도 구체적으로 인식하였을 때를 의미하고, 피해자 등이 언제 불법행위 요건사실을 현실적이고도 구체적으로 인식하였다고 볼 것인지는 개별적 사건에서 여러 객관적 사정을 참작하고 손해배상청구가 사실상 가능하게 된 상황을 고려하여 합리적으로 인정하여야 한다.

(출처 : 대법원 2011. 11. 10. 선고 2011다54686 판결)

[사례53] 손해배상Ⅲ (모욕)

지급명령신청서

채 권 자   이○숙 (000000-0000000)
　　　　　서울시 000구 00로 000-00, 0동 00호(00동,000연립)　(우:00000)
　　　　　연락처 : 000-0000-0000

채 무 자   김○동 (000000-0000000)
　　　　　경기도 00시 000구 00동 000-00　　　　　　　　　　(우:00000)
　　　　　연락처 : 000-0000-0000

손해배상 청구 지급명령

청 구 취 지

채무자는 채권자에게 금 2,000,000원 및 이에 대하여 이 사건 지급명령정본 송달일 다음날부터 다 갚는 날까지는 연 12%의 각 비율에 의한 돈 및 다음 독촉절차비용을 지급 지급하라.
라는 명령을 구합니다.

독촉절차비용　금000,000원
　내역 : 인지대 금0,000원, 송달료 금00,000원, 서기료 금000,000원

청 구 원 인

1. 채권자는 서울 00구 소재 00시장에서 청과물장사를 하는 자람이고, 채무자는 같은 시장에서 그릇 장사를 하는 자입니다.

2. 채무자는 2000. 00. 00. 15:00경 위 시장에서 물건을 정리하고 있던 채권자에게 "왜 남의 가게 앞에 물건을 진열하느냐"라고 큰 소리를 지르며 시비를 걸었습니다. 그래서 채권자는 채무자에게 "당신네 가게 앞도 아닌데 왜 그런 말을 하느냐?"고 따지자, 채무자는 다짜고짜 채권자의 멱살을 잡아 윽박질렀고, 이를 보고 이 있던 주변의 상인 3명이 다가와 채무자와 채권자와의 싸움을 말렸습니다.

3. 이때 채무자는 채권자를 향하여 여러 사람들이 다 듣고 있는데도 "미친 년, 장사를 하려면 똑바로 해 이년아", "씨발년 생긴 것도 좆같이 생긴 게…"라는 등의 온갖 욕을 해댔습니다. 이에 채권자가 왜 욕을 하지 말라고 수차 요구하였으나 채무자는 막무가내로 약 10분 동안 가지가지 욕을 해댔고, 채무자는 너무도 충격을 받아 실신 상태로 다른 사람의 도움을 받아 위 싸움 현장을 떠났습니다.

4. 위 사건으로 채권자는 이웃에서 장사를 하는 채무자만 보면 몸이 벌벌 떨리고, 극도의 불안감이 몰려오는 등 정신적 고통을 받고 있는 바, 채권자의 나이와 직업 등을 고려할 때 위자료는 2백만 원 가량이 상당할 것으로 판단되어 채권자는 이 사건 신청에 이르게 되었습니다.

첨 부 서 류

1. 사실확인서   3 부

2000. 00. 00.

채 권 자   이 ○ 숙   (인)

서울00지방법원 귀중

당 사 자 표 시

채 권 자   이○숙 (000000-0000000)
　　　　　서울시 000구 00로 000-00, 0동 00호(00동,000연립)　(우:00000)
　　　　　연락처 : 000-0000-0000

채 무 자   김○동 (000000-0000000)
　　　　　경기도 00시 000구 00동 000-00　　　　　　　　　(우:00000)
　　　　　연락처 : 000-0000-0000

손해배상 청구 지급명령

청 구 취 지

채무자는 채권자에게 금 2,000,000원 및 이에 대하여 이 사건 지급명령정본 송달일 다음날부터 다 갚는 날까지는 연 12%의 각 비율에 의한 돈 및 다음 독촉절차비용을 지급 지급하라.
라는 명령을 구합니다.

독촉절차비용　　금000,000원
　내역 : 인지대 금0,000원, 송달료 금00,000원, 서기료 금000,000원

청 구 원 인

1. 채권자는 서울 00구 소재 00시장에서 청과물장사를 하는 자람이고, 채무자는 같은 시장에서 그릇 장사를 하는 자입니다.

2. 채무자는 2000. 00. 00. 15:00경 위 시장에서 물건을 정리하고 있던 채권

자에게 "왜 남의 가게 앞에 물건을 진열하느냐"라고 큰 소리를 지르며 시비를 걸었습니다. 그래서 채권자는 채무자에게 "당신네 가게 앞도 아닌데 왜 그런 말을 하느냐?"고 따지자, 채무자는 다짜고짜 채권자의 멱살을 잡아 윽박질렀고, 이를 보고 이 있던 주변의 상인 3명이 다가와 채무자와 채권자와의 싸움을 말렸습니다.

3. 이때 채무자는 채권자를 향하여 여러 사람들이 다 듣고 있는데도 "미친 년, 장사를 하려면 똑바로 해 이년아", "씨발년 생긴 것도 좆같이 생긴 게..."라는 등의 온갖 욕을 해댔습니다. 이에 채권자가 왜 욕을 하지 말라고 수차 요구하였으나 채무자는 막무가내로 약 10분 동안 가지가지 욕을 해댔고, 채무자는 너무도 충격을 받아 실신 상태로 다른 사람의 도움을 받아 위 싸움 현장을 떠났습니다.

4. 위 사건으로 채권자는 이웃에서 장사를 하는 채무자만 보면 몸이 벌벌 떨리고, 극도의 불안감이 몰려오는 등 정신적 고통을 받고 있는 바, 채권자의 나이와 직업 등을 고려할 때 위자료는 2백만 원 가량이 상당할 것으로 판단되어 채권자는 이 사건 신청에 이르게 되었습니다.

【유사사건 판례요지】

불법행위로 인한 손해배상청구권의 단기소멸시효 기산점이 되는 민법 제766조 제1항의 '손해 및 가해자를 안 날'이란 손해의 발생, 위법한 가해행위의 존재, 가해행위와 손해의 발생 사이에 상당인과관계가 있다는 사실 등 불법행위의 요건사실에 대하여 현실적이고도 구체적으로 인식하였을 때를 의미하고, 피해자 등이 언제 불법행위 요건사실을 현실적이고도 구체적으로 인식하였다고 볼 것인지는 개별적 사건에서 여러 객관적 사정을 참작하고 손해배상청구가 사실상 가능하게 된 상황을 고려하여 합리적으로 인정하여야 한다.
(출처 : 대법원 2011. 11. 10. 선고 2011다54686 판결)

[사례54] 손해배상Ⅳ (명예훼손)

지급명령신청서

채 권 자   김○수   (000000-0000000)
　　　　　 경기도 00시 00로 000-00, 000동 000호(00동, 000아파트) (우:00000)
　　　　　 연락처 : 000-0000-0000

채 무 자   박○호   (000000-0000000)
　　　　　 경기도 00시 00로 000-00, 000동 000호(00동, 000아파트) (우:00000)
　　　　　 연락처 : 000-0000-0000

손해배상 청구 지급명령

청 구 취 지

채무자는 채권자에게 금 3,000,000원 및 이에 대하여 이 사건 지급명령정본 송달일 다음날부터 다 갚는 날까지는 연 12%의 각 비율에 의한 돈 및 다음 독촉절차비용을 지급 지급하라.
라는 명령을 구합니다.

독촉절차비용   금000,000원
　내역 : 인지대 금0,000원, 송달료 금00,000원, 서기료 금000,000원

청 구 원 인

1. 채권자는 경기도 00시 00로 000-00, 000아파트 000동 000호에 거주하는 자이고, 채무자 역시 위 아파트에 거주하는 자입니다.

2. 채무자는 위 아파트 입주자들이 만들어 여러 사람들의 의견을 교환하거나 공지사항 등을 알리는 인터넷 "○○○아파트 카페"에 전혀 사실이 아닌 채권자가 돈을 먹었다느니, 형편 없는 사람이라느니 하는 등의 글을 올리는 방법으로 채권자의 명예를 훼손하였고, 채권자가 부득이 그 사실을 고소하여 2000. 00. 00. 인천지방법원에서 벌금 ○○만원의 처벌을 받은 사실이 있습니다.

3. 채권자는 고등학교 교장 선생직을 정년퇴직하고 현재는 별다른 직업이 없는 자이나, 위 아파트 단지에서는 이웃들이 채권자를 "교장 선생님"으로 호칭하는 등 동네 사람들에게 비교적 존중을 받는 사람이었는데, 위와 같은 사실이 있은 후에는 이웃들이 채권자를 보면 피하려 하고. 어떤 사람들은 뒤에서 수군수군 하면서 뒷담화를 하는 등 참으로 참을 수 없는 정신적 고통을 당하고 있습니다.

4. 채권자는 70평생 살아오면서 요즘과 같이 동네 사람들 만나기가 챙피한 적이 없었는데, 이는 모두 채무자의 위와 같은 못된 짓으로 야기된 것입니다. 이에 채권자의 나이, 지난 경력 등을 모두 고려할 때 채무자는 채권자에게 300만 원의 위자료를 지급하여야 할 의무가 있다할 것이기에 채권자는 이 사건 신청에 이르게 되었습니다.

첨 부 서 류

1. 약식결정문   1부
1. 사실확인서   2부

2000. 00. 00.

채 권 자   김 ○ 수   (인)

인천지방법원 귀중

당 사 자 표 시

채 권 자   김○수   (000000-0000000)
　　　　　경기도 00시 00로 000-00, 000동 000호(00동,000아파트) (우:00000)
　　　　　연락처 : 000-0000-0000

채 무 자   박○호   (000000-0000000)
　　　　　경기도 00시 00로 000-00, 000동 000호(00동,000아파트) (우:00000)
　　　　　연락처 : 000-0000-0000

손해배상 청구 지급명령

청 구 취 지

채무자는 채권자에게 금 3,000,000원 및 이에 대하여 이 사건 지급명령정본 송달일 다음날부터 다 갚는 날까지는 연 12%의 각 비율에 의한 돈 및 다음 독촉절차비용을 지급 지급하라.
라는 명령을 구합니다.

독촉절차비용   금000,000원
　내역 : 인지대 금0,000원, 송달료 금00,000원, 서기료 금000,000원

청 구 원 인

1. 채권자는 경기도 00시 00로 000-00, 000아파트 000동 000호에 거주하는 자이고, 채무자 역시 위 아파트에 거주하는 자입니다.

2. 채무자는 위 아파트 입주자들이 만들어 여러 사람들의 의견을 교환하거나

공지사항 등을 알리는 인터넷 "○○○아파트 카페"에 전혀 사실이 아닌 채권자가 돈을 먹었다느니, 형편 없는 사람이라느니 하는 등의 글을 올리는 방법으로 채권자의 명예를 훼손하였고, 채권자가 부득이 그 사실을 고소하여 2000. 00. 00. 인천지방법원에서 벌금 00만원의 처벌을 받은 사실이 있습니다.

3. 채권자는 고등학교 교장 선생직을 정년퇴직하고 현재는 별다른 직업이 없는 자이나, 위 아파트 단지에서는 이웃들이 채권자를 "교장 선생님"으로 호칭하는 등 동네 사람들에게 비교적 존중을 받는 사람이었는데, 위와 같은 사실이 있은 후에는 이웃들이 채권자를 보면 피하려 하고. 어떤 사람들은 뒤에서 수군수군 하면서 뒷담화를 하는 등 참으로 참을 수 없는 정신적 고통을 당하고 있습니다.

4. 채권자는 70평생 살아오면서 요즘과 같이 동네 사람들 만나기가 챙피한 적이 없었는데, 이는 모두 채무자의 위와 같은 못된 짓으로 야기된 것입니다. 이에 채권자의 나이, 지난 경력 등을 모두 고려할 때 채무자는 채권자에게 300만 원의 위자료를 지급하여야 할 의무가 있다할 것이기에 채권자는 이 사건 신청에 이르게 되었습니다.

【유사사건 판례요지】

명예훼손과 모욕적 표현은 구분해서 다루어야 하고 그 책임의 인정 여부도 달리함으로써 정치적 논쟁이나 의견 표명과 관련하여 표현의 자유를 넓게 보장할 필요가 있다. 표현행위로 인한 명예훼손책임이 인정되려면 사실을 적시함으로써 명예가 훼손되었다는 점이 인정되어야 한다. 명예는 객관적인 사회적 평판을 벗어난 것으로서 불법행위가 될 수 있다.
(출처 : 대법원 2018. 10. 30. 선고 2014다61654)

[사례55] 손해배상Ⅴ (상가권리금)

지급명령신청서

채 권 자   한○길   (000000-0000000)
          서울시 00구 000로 000-00, 00동 00호(00동,00빌라)   (우:00000)
          연락처 : 000-0000-0000

채 무 자   조○철   (000000-0000000)
          서울시 000구 00로 000-00, 000동 000호(00동,000아파트) (우:00000)

손해배상 청구 지급명령

청 구 취 지

채무자는 채권자에게 금 100,000,000원 및 이에 대하여 이 사건 지급명령정본 송달일 다음날부터 다 갚는 날까지는 연 12%의 각 비율에 의한 돈 및 다음 독촉절차비용을 지급 지급하라.
라는 명령을 구합니다.

독촉절차비용   금000,000원
  내역 : 인지대 금0,000원, 송달료 금00,000원, 서기료 금000,000원

청 구 원 인

1. 채권자는 2000. 00. 00.경부터 서울시 00구 000로 0-0 소재 00빌딩 1층에서 "00000"라는 상호로 제과점을 운영하고 있는 자이고, 채무자는 위 빌딩의 소유자입니다.

2. 채권자가 위 빌딩에서 제과점을 한 지는 약 15년 가량이 되었고, 그동안 위 빌딩의 소유자가 3번 바뀌어 현재의 소유자인 채무자는 약 5년 전부터 위

빌딩을 소유해 왔습니다. 위 제과점의 임대보증금은 1억 원이고, 월세는 300만원 이며, 채무자가 위 빌딩을 소유한 2000. 00. 00.경 위 제과점에 대한 임대차계약서를 다시 작성하였고, 그후로는 묵시적 갱신이 계속되었습니다.

3. 채권자는 고령에 건강이 좋지 않아 묵시적 계약갱신 기일인 2000. 00. 00. 약 5개월 전인 2000. 00. 00.경 위 제과점 부근에서 통닭집을 하는 신청외 박○기에게 위 제과점을 인수인계하기로 하고 권리금을 1억 원을 받기로 구두약정하였기에 채무자에게 채권자가 주선하는 신규임차인과 임대차계약을 체결하여 줄 것을 내용증명으로 요구하였습니다. 그러나 채무자는 위 내용증명에 대한 회신은 보내지 않고, 그 자리에서 커피전문점을 채무자의 처가 직접 운영할 것이라는 사실을 전화상으로 알려왔습니다.

4. 이에 채권자는 위 제과점 인근 점포들이 약 1억 원에서 3억 원 가량의 권리금이 형성되어 있다는 사실을 채무자에게 알리고(채무자도 그런 사실을 알고 있음) 1억 원의 권리금을 요구하였으나, 채무자와 채무자의 처는 채권자를 찾아와 "수십 년 간 장사를 해 먹었으면 고마운 줄 알아야지 권리금은 무슨 권리금이냐?"라는 말을 하며 위 권리금 지급의 의사가 없음을 명백히 하였습니다.

5. 이에 채권자는 채무자의 처사가 너무도 부당하여 부득이 이 사건 신청에 이르게 되었습니다.

첨 부 서 류

1. 계약서   1부
1. 사실확인서   2부

2000. 00. 00.

채 권 자   한 ○ 길   (인)

서울중앙지방법원 귀중

당 사 자 표 시

채 권 자   한○길   (000000-0000000)
           서울시 00구 000로 000-00, 00동 00호(00동,00빌라) (우:00000)
           연락처 : 000-0000-0000

채 무 자   조○철   (000000-0000000)
           서울시 000구 00로 000-00, 000동 000호(00동,000아파트) (우:00000)
           연락처 : 000-0000-0000

손해배상 청구 지급명령

청 구 취 지

채무자는 채권자에게 금 100,000,000원 및 이에 대하여 이 사건 지급명령정본 송달일 다음날부터 다 갚는 날까지는 연 12%의 각 비율에 의한 돈 및 다음 독촉절차비용을 지급 지급하라.
라는 명령을 구합니다.

독촉절차비용   금000,000원
   내역 : 인지대 금0,000원, 송달료 금00,000원, 서기료 금000,000원

청 구 원 인

1. 채권자는 2000. 00. 00.경부터 서울시 00구 000로 0-0 소재 00빌딩 1층에서 "00000"라는 상호로 제과점을 운영하고 있는 자이고, 채무자는 위 빌딩의 소유자입니다.

2. 채권자가 위 빌딩에서 제과점을 한 지는 약 15년 가량이 되었고, 그동안 위 빌딩의 소유자가 3번 바뀌어 현재의 소유자인 채무자는 약 5년 전부터 위

빌딩을 소유해 왔습니다. 위 제과점의 임대보증금은 1억 원이고, 월세는 300만 원 이며, 채무자가 위 빌딩을 소유한 2000. 00. 00.경 위 제과점에 대한 임대차계약서를 다시 작성하였고, 그후로는 묵시적 갱신이 계속되었습니다.

3. 채권자는 고령에 건강이 좋지 않아 묵시적 계약갱신 기일인 2000. 00. 00. 약 5개월 전인 2000. 00. 00.경 위 제과점 부근에서 통닭집을 하는 신청외 박○기에게 위 제과점을 인수인계하기로 하고 권리금을 1억 원을 받기로 구두약정하였기에 채무자에게 채권자가 주선하는 신규임차인과 임대차계약을 체결하여 줄 것을 내용증명으로 요구하였습니다. 그러나 채무자는 위 내용증명에 대한 회신은 보내지 않고, 그 자리에서 커피전문점을 채무자의 처가 직접 운영할 것이라는 사실을 전화상으로 알려왔습니다.

4. 이에 채권자는 위 제과점 인근 점포들이 약 1억 원에서 3억 원 가량의 권리금이 형성되어 있다는 사실을 채무자에게 알리고(채무자도 그런 사실을 알고 있음) 1억 원의 권리금을 요구하였으나, 채무자와 채무자의 처는 채권자를 찾아와 "수십 년 간 장사를 해 먹었으면 고마운 줄 알아야지 권리금은 무슨 권리금이냐?"라는 말을 하며 위 권리금 지급의 의사가 없음을 명백히 하였습니다.

5. 이에 채권자는 채무자의 처사가 너무도 부당하여 부득이 이 사건 신청에 이르게 되었습니다.

【유사사건 판례요지】

제10조의4 제1항 각호 는 임대인이 신규임차인이 되려는 자에게 권리금을 요구하거나 그로부터 권리금을 수수하는 행위 등을 금지하면서 임차인이 신규임차인이 되려는 자와 반드시 권리금 계약을 체결했어야 함을 전제로 하고 있지 않다. 또한 상가임대차법 제10조의4 제3항 은 권리금 계약이 체결되지 않은 경우에도 임대인의 권리금 회수 방해로 인한 손해배상액을 '임대차 종료 당시의 권리금'으로 정할 수 있도록 하고 있다.
(출처 : 대법원 2019. 7. 10. 선고 2018다239608 판결)

[사례56] 판결시효중단(연장) I

지급명령신청서

채 권 자   이○홍   (000000-0000000)
            서울 00구 000길 00, 00동 000호(00동,0000 아파트)   (우:00000)
            H.P : 000-0000-0000

채 무 자   김○무   (000000-0000000)
            경기도 00시 00로 00번길 00, 00아파트 000호   (우:00000)
            H.P : 000-0000-0000

판결시효중단 지급명령

청 구 취 지

채무자는 채권자에게 금 10,000,000원 및 이에 대한 2000. 00. 00.부터 2000. 00.00.까지 연 15%의, 그 다음날부터 완제일까지 연 24%의 비율에 의한 금원 및 다음 독촉절차비용을 지급하라.
라는 명령을 구합니다.

독촉절차비용   금000,000원
    내역 : 인지대 금0,000원, 송달료 금00,000원, 서기료 000,000원

청 구 원 인

1. 채권자는 채무자에게 금 1천만 원을 차용해 주었으나 그 돈을 받지 못하여,

수원지방법원 2000가단000000호 대여금청구의 소를 제기하여 2000. 00. 00. 같은 법원으로부터 "피고는 원고에게 금10,000,000원 및 이에 대한 2000. 00. 00.부터 2000. 00.00.까지 연 15%의, 그 다음날부터 완제일까지 연 24%의 비율에 의한 금원 및 다음 독촉절차비용을 지급하라."는 원고 승소 판결을 선고 받았습니다(확정 2000. 00. 00.).

2. 하지만 채무자(위 피고)는 현재까지도 위 돈을 갚지 않고 있을 뿐 아니라, 책임재산을 피고의 처 명의로 전부 돌려놓아 원고가 강제집행을 실시할 수도 없게 만들어 놓았습니다. 그러면서도 채무자는 처 명의의 고급외제승용차를 타고 다니면서 여유로운 생활을 하고 있습니다.

3. 한편 원고의 위 채권은 민법 제165조 제1항에 의하여 10년의 소멸시효가 완성될 시점이 되어 원고는 그 시효를 중단시킬 필요가 있어 원고는 부득이 이 사건 청구에 이르게 되었습니다.

첨 부 서 류

1. 판결문   1 부
1. 송달 및 확정증명   1 부
1. 내용증명   1 부

2000. 00. 00.

채 권 자   이 ○ 홍   (인)

수원지방법원 귀중

당 사 자 표 시

채 권 자   이○홍   (000000-0000000)
          서울 00구 000길 00, 00동 000호(00동,0000 아파트)   (우:00000)
          H.P : 000-0000-0000

채 무 자   김○무   (000000-0000000)
          경기도 00시 00로 00번길 00, 00아파트 000호   (우:00000)
          H.P : 000-0000-0000

판결시효중단 지급명령

청 구 취 지

채무자는 채권자에게 금10,000,000원 및 이에 대한 2000. 00. 00.부터 2000. 00.00.까지 연 15%의, 그 다음날부터 완제일까지 연 24%의 비율에 의한 금원 및 다음 독촉절차비용을 지급하라.
라는 명령을 구합니다.

독촉절차비용   금000,000원
  내역 : 인지대 금0,000원, 송달료 금00,000원, 서기료 000,000원

청 구 원 인

1. 채권자는 채무자에게 금 1천만 원을 차용해 주었으나 그 돈을 받지 못하여, 수원지방법원 2000가단000000호 대여금청구의 소를 제기하여 2000. 00.

00. 같은 법원으로부터 "피고는 원고에게 금 10,000,000원 및 이에 대한 2000. 00. 00.부터 2000. 00.00.까지 연 15%의, 그 다음날부터 완제일까지 연 24%의 비율에 의한 금원 및 다음 독촉절차비용을 지급하라."는 원고 승소 판결을 선고 받았습니다(확정 2000. 00. 00.).

2. 하지만 채무자(위 피고)는 현재까지도 위 돈을 갚지 않고 있을 뿐 아니라, 책임재산을 피고의 처 명의로 전부 돌려놓아 원고가 강제집행을 실시할 수도 없게 만들어 놓았습니다. 그러면서도 채무자는 처 명의의 고급외제승용차를 타고 다니면서 여유로운 생활을 하고 있습니다.

3. 한편 원고의 위 채권은 민법 제165조 제1항에 의하여 10년의 소멸시효가 완성될 시점이 되어 원고는 그 시효를 중단시킬 필요가 있어 원고는 부득이 이 사건 청구에 이르게 되었습니다.

【유사사건 판례요지】

시효제도의 존재이유는 영속된 사실 상태를 존중하고 권리 위에 잠자는 자를 보호하지 않는다는 데에 있고 특히 소멸시효에서는 후자의 의미가 강하므로, 권리자가 재판상 그 권리를 주장하여 권리 위에 잠자는 것이 아님을 표명한 때에는 시효중단 사유가 되는데, 이러한 시효중단 사유로서 재판상 청구에는 소멸시효 대상인 권리 자체의 이행청구나 확인청구를 하는 경우만이 아니라, 권리가 발생한 기본적 법률관계를 기초로 하여 소의 형식으로 주장하는 경우에도 권리 위에 잠자는 것이 아님을 표명한 것으로 볼 수 있을 때에는 이에 포함된다고 보아야 하고, 시효중단 사유인 재판상 청구를 기판력이 미치는 범위와 일치하여 고찰할 필요는 없다.
(출처 : 대법원 2011. 7. 14. 선고 2011다19737 판결)

[사례57] 판결시효중단Ⅱ (상속인)

지급명령신청서

채 권 자   장○일   (000000-0000000)
　　　　　서울 00구 000길 00, 00동 000호(00동,0000아파트)   (우:00000)
　　　　　H.P : 000-0000-0000

채 무 자   문○철   (000000-0000000)
　　　　　경기도 00시 00로 00번길 00, 00아파트 000호   (우:00000)
　　　　　H.P : 000-0000-0000

판결시효중단 지급명령

청 구 취 지

채무자는 채권자에게 금 10,000,000원 및 이에 대한 2000. 00. 00.부터 2000. 00.00.까지 연 15%의, 그 다음날부터 완제일까지 연 24%의 비율에 의한 금원 및 다음 독촉절차비용을 지급하라.
라는 명령을 구합니다.

독촉절차비용   금000,000원
　내역 : 인지대 금0,000원, 송달료 금00,000원, 서기료 000,000원

청 구 원 인

1. 채권자는 소외 망 문○재에게 금 10,000,000원을 차용해 주었으나 받지 못

하여, 부산지방법원 2000가단000000호 대여금청구의 지급명령을 제기하여 2000. 00. 00. 같은 법원으로부터 "채무자는 채권자에게 금 10,000,000원 및 이에 대한 2000. 00. 00.부터 2000. 00.00.까지 연 15%의, 그 다음날부터 완제일까지 연 24%의 비율에 의한 금원 및 다음 독촉절차비용을 지급하라."는 원고 승소 판결을 선고 받았습니다(확정 2000. 00. 00.).

2. 하지만 소외 문○재는 채권자에게 위 돈을 갚지 아니하고, 위 판결 선고 후인 2000. 00. 00. 사망하였고, 채무자가 유일한 상속인이 되었습니다. 이에 채권자는 채무자에게 소외 문○재의 채무를 지급할 것을 수차례 독촉하였으나 그 지급을 하지 않을 뿐 아니라, 책임재산을 교묘히 감추어 채권자는 강제집행을 할 수도 없는 형편입니다.

3. 한편, 채권자의 위 판결채권은 2000. 00. 00.이면 10년의 소멸시효가 완성될 시점이 되어 채권자는 부득이 이 사건 청구에 이르게 되었습니다.

첨 부 서 류

1. 판결문, 송달 및 확정증명   각 1부
1. 제적등본,가족관계증명서,기본증명서,폐쇄등록부기본증명서 각 1부

2000. 00. 00.

채 권 자   장 ○ 일   (인)

수원지방법원 귀중

당 사 자 표 시

채 권 자   장○일   (000000-0000000)
            서울 00구 000길 00, 00동 000호(00동,0000아파트)   (우:00000)
            H.P : 000-0000-0000

채 무 자   문○철   (000000-0000000)
            경기도 00시 00로 00번길 00, 00아파트 000호   (우:00000)
            H.P : 000-0000-0000

판결시효중단 지급명령

청 구 취 지

채무자는 채권자에게 금 10,000,000원 및 이에 대한 2000. 00. 00.부터 2000. 00.00.까지 연 15%의, 그 다음날부터 완제일까지 연 24%의 비율에 의한 금원 및 다음 독촉절차비용을 지급하라.
라는 명령을 구합니다.

독촉절차비용   금000,000원
   내역 : 인지대 금0,000원, 송달료 금00,000원, 서기료 000,000원

청 구 원 인

1. 채권자는 소외 망 문○재에게 금10,000,000원을 차용해 주었으나 받지 못하여, 부산지방법원 2000가단000000호 대여금청구의 지급명령을 제기하여

2000. 00. 00. 같은 법원으로부터 "채무자는 채권자에게 금 10,000,000원 및 이에 대한 2000. 00. 00.부터 2000. 00.00.까지 연 15%의, 그 다음날부터 완제일까지 연 24%의 비율에 의한 금원 및 다음 독촉절차비용을 지급하라."는 원고 승소 판결을 선고 받았습니다(확정 2000. 00. 00.).

2. 하지만 소외 문○재는 채권자에게 위 돈을 갚지 아니하고, 위 판결 선고 후인 2000. 00. 00. 사망하였고, 채무자가 유일한 상속인이 되었습니다. 이에 채권자는 채무자에게 소외 문○재의 채무를 지급할 것을 수차례 독촉하였으나 그 지급을 하지 않을 뿐 아니라, 책임재산을 교묘히 감추어 채권자는 강제집행을 할 수도 없는 형편입니다.

3. 한편, 채권자의 위 판결채권은 2000. 00. 00.이면 10년의 소멸시효가 완성될 시점이 되어 채권자는 부득이 이 사건 청구에 이르게 되었습니다.

【유사사건 판례요지】

민법 제168조 제1호 , 제170조 제1항 에서 시효중단 사유의 하나로 규정하고 있는 재판상의 청구는, 권리자가 시효를 주장하는 자를 상대로 소로써 권리를 주장하는 경우뿐 아니라, 시효를 주장하는 자가 원고가 되어 소를 제기한 데 대하여 피고로서 응소하여 그 소송에서 적극적으로 권리를 주장하고 그것이 받아들여진 경우도 포함한다. 등의 사유로 본안에서 그 권리 주장에 관한 판단 없이 소송이 종료된 경우에도 민법 제170조 제2항 을 유추적용하여 그때부터 6월 내에 재판상의 청구 등 다른 시효중단 조치를 취하면 응소 시에 소급하여 시효중단의 효력이 인정된다.
(출처 : 대법원 2019. 3. 14. 선고 2018두56435 판결)

[부록1] 지급명령신청서 표지 양식

지급명령신청서

①   지급명령

채 권 자   ②
채 무 자   ③

소 가	금 ④ 원	
첨부할 인지액	금 ⑤ 원	
첨부한 인지액	금 ⑥ 원	
송 달 료	금 ⑦ 원	
비고		㊞

⑧   법원   귀중

[부록2] 지급명령신청서 양식

지급명령신청서

채 권 자   홍○표 (0000000-0000000)
              서울시 00구 00로 00, 000동 0000호(000아파트, 00동) (우:00000)
              연락처 : 000-0000-0000
              [송달장소]

채 무 자   김○수 (000000-0000000)
              경기도 00시 000동 0000아파트 00동 000호   (우:00000)
              연락처 : 000-0000-0000

000 00 지급명령

신 청 취 지

채무자는 채권자에게 금 00,000,000원 및 이에 대한 이 건 지급명령정본 송달 다음날부터 완제일까지 연 12%의 비율에 의한 금원 및 아래 독촉절차비용을 지급하라.
라는 명령을 구합니다.

독촉절차비용   금000,000원
   내역 : 인지대 금0,000원, 송달료 금00,000원, 서기료 금000,000원

신 청 원 인

1.

2.

3.

4.

첨 부 서 류

1.
1.
1.

2000. 00. 00.

채 권 자   홍 ○ 표   (인)

○○지방법원 ○○지원   귀중

[부록3] 당사자표시 양식

당 사 자 표 시

채 권 자   홍○표   (0000000-0000000)
　　　　　　서울시 00구 00로 00, 000동 0000호(000아파트, 00동) (우:00000)
　　　　　　연락처 : 000-0000-0000
　　　　　　[송달장소]

채 무 자   김○수   (000000-0000000)
　　　　　　경기도 00시 000동 0000아파트 00동 000호　　　　　(우:00000)
　　　　　　연락처 : 000-0000-0000

000 00 지급명령

신 청 취 지

채무자는 채권자에게 금 00,000,000원 및 이에 대한 이 건 지급명령정본 송달 다음날부터 완제일까지 연 15%의 비율에 의한 금원 및 아래 독촉절차비용을 지급하라.
라는 명령을 구합니다.

독촉절차비용　　금000,000원
　　내역 : 인지대 금0,000원, 송달료 금00,000원, 서기료 금000,000원

신 청 원 인

1.

2.

3.

4.

○○지방법원 ○○지원 귀중

[부록4] 보정명령양식

보정명령

사　　건　　　2017 차 0000　　대여금

채 권 자　　　0 0 0

채 무 자　　　0 0 0

채무자 김○동에 대한 지급명령이 송달되지 않았습니다.

[송달불능사유 :　　　　　　　]

　채권자는 이 보정명령을 받은 날로부터 0일 안에 아래 양식을 이용하여 다음 중 어느 하나의 신청을 하시기 바랍니다.

　송달료나 인지의 추가납부가 필요한 경우에는 그 금액도 납부하여야 합니다. 위 기한 안에 주소보정 등의 신청을 하지 않으면 지급명령신청서가 각하될 수 있음을 유의하시기 바랍니다.

2000. 00. 00.

판사　　　　　　　　　　　　(인)

☐ 주소보정서	채무자 OOO에 대하여 다음 주소로 송달하여 주시기 바랍니다. 추가납부 송달료 : 원 주소 : (우편번호)
☐ 재송달신청서	채무자 OOO(이)가 종전 주소지에 거주하고 있습니다. 같은 주소에 다시 송달하여 주시기 바랍니다.
☐ 특별송달신청서	채무자 OOO에 대하여 집행관 또는 법정경위로 하여금 (☐ 주간, ☐ 야간및 휴일) 특별송달을 하도록 하여 주시기 바랍니다.
☐ 소제기신청서	채무자 OOO의 주소를 알 수 없으므로, 공시송달에 의하여 진행될 수 있도록 민사소송법 제466조 제1항에 따라 소제기신청을 합니다. 추가납부 인지액 : 원 추가납부 송달료 : 원

2017. . .   채권자   (인)

[기재요령]

1. 송달가능한 채무자의 주소가 확인되는 경우에는 주소보정서란의 ☐에 V표시를 하고 주소를 기재한 후 이 서면을 법원에 제출하시기 바랍니다.

2. 채무자가 종전 주소지에 거주하고 있으며 재송달신청서란의 ☐에 V표시를 하여 제출하시고 주소지에 거주하고 있다는 소명자료를 반드시 첨부하여야 합니다.

3. 수취인부재, 폐문부재 등으로 송달되지 않는 경우에 특별송달을 희망하는 때에는 특별송달신청서 ☐에 V표시를 한 후 이 서면을 송달비용과 함께 법원에 제출하시기 바랍니다. 송달비용은 지역에 따라 차이가 있을 수 있으므로 우리재판부 또는 접수계에 문의하시기 바랍니다.

4. 공시송달을 신청하는 경우에는 소제기신청서란의 ☐에 V표시를 한 후 주민등록말소자 등본 등 공시송달요건을 소명하는 자료를 첨부하여 제출하시기 바랍니다.

5. 소송목적의 수행을 위해서는 동사무소 등에 소제기증명, 주소보정명령서 등의 자료를 제출하여 상대방의 주민등록등· 초본의 교부를 신청할 수 있습니다(주민등록법 제18조 제2항 제2호, 동법 시행령 제43조 제6항 참조).

[부록5] 보정서 양식

보 정 서

사　　　　건　　2000 차 0000호　대여금 청구 지급명령
채　권　자
채　무　자

귀원의 보정명령에 대하여 위 채권자는 아래와 같이 보정합니다.

- 아　래 -

1. 채무자 김갑동의 주민등록초본을 첨부, 제출합니다.

　　　　　　　　　　　2000. 00. 00.

　　　　　　위 채권자　　　　　　　(인)

서울중앙지방법원 귀중

[부록6] 소송절차회부결정 및 보정명령 양식

０ ０ ０ ０ 지 방 법 원
결 정

사　　　건　　　2017 차 0000　　대여금
채　권　자　　　０ ０ ０
채　무　자　　　０ ０ ０

주 문

이 사건을 소송절차에 회부한다.

이 유

이 사건 지급명령은 채무자에게 공시송달에 의하지 아니하고는 송달할 수 없으므로 민사소송법 제466조 제2항에 의하여 주문과 같이 결정한다.

2000. 00. 00.

판사　　　０ ０ ０　　　(인)

보정명령

위 사건은 위 결정에 의하여 소송절차로 이행하게 되었으므로 채권자는 이 명령을 받은 날로부터　　　일 안에 다음 사항을 보정하시기 바랍니다.

보정사항

1. 추가납부하여야 할 인지액　　　　금　　　　　원
2. 송달료　　　　　　　　　　　　　금　　　　　원

2000. 00. 00.

판사　０００　(인)

주의사항　1. 만일 부족한 인지액과 송달료를 위 기간 안에 납부하지 않으면 지급명령신청서가 각하될 수 있음을 유의하시기 바랍니다.
　　　　　2. 그 밖에 절차진행에 관하여 궁금한 사항이 있으면 아래 문의처로 연락하거나 인터넷 대법원 홈페이지(http://www.scourt.go.kr)에 접속하여 독촉절차를 안내하는 내용을 참고하시기 바랍니다.

| 법원소재지 | | 담당 | 제　　　단독 | 전화 | |

[부록7. 이의신청통지서 양식]

이의신청통지서

○ ○ ○ 귀하

1. 귀하의 신청에 의하여 이 법원에서 2000.00.00. 발령한 지급명령에 대하여 채무자가 2000.00.00. 이의신청을 제기하였습니다.
2. 채무자가 이의신청을 하면 지급명령은 그 효력을 상실하고 통상의 소송절차로 옮겨져서 그 이후에는 청구금액에 따라 3,000만 원 이하의 경우에는 소액사건, 1억 원 이하인 경우에는 단독사건, 1억 원을 초과하는 경우에는 합의사건으로 일반소송절차에 따라 재판이 진행됩니다.
3. 그 밖의 이의신청 등 절차진행에 관하여 궁금한 사항이 있으면 아래 문의처로 연락하거나 인터넷 대법원 홈페이지(http://www.scourt.go.kr)에 접속하여 독촉절차를 안내하는 내용을 참고하시기 바랍니다.

○ ○ 지 방 법 원

보정명령

사 건   2000차000000 대여금
채 권 자   ○ ○ ○
채 무 자   ○ ○ ○

이 사건은 채무자 ○○○이(가) 2000.00.00. 이의신청을 하여 통상의 소송절차에 의하여 재판하게 되었으므로 채권자는 이 명령을 받은 날로부터   일 안에 다음 사항을 보정하시기 바랍니다.

보정사항

1. 추가납부하여야 할 인지액   금   원
2. 송달료   금   원

2000. 00. 00.

판사   O O O (인)

주의사항   만일 위 기간 안에 보족한 인지액과 송달료를 납부하지 않으면 지급명령신청서가 기각하될 수 있음을 유의하시기 바랍니다.

법원소재지		담당	제	단독	전화	

서울OO지방법원

[부록8] 지급명령 양식

지 급 명 령

사　　건　　2000 차전 00000지급명령

채 권 자　　0 0 0 (000000-0000000)
　　　　　　서울 00구 00000길 000, 000동 0000호(00동, 00아파트)

> 2010.00.00.송달, 2010.00.00.확정

채 무 자　　0 0 0 (000000-0000000)
　　　　　　서울 00구 00길 00, 00동 000호(000동, 00000아파트)

청구취지와 원인　　별지와 같다.

채무자는 채권자에게 별지 청구취지 기재의 금액을 지급하라.
별지 독촉절차비용은 채무자가 부담한다.
채무자는 이 명령이 송달된 날부터 2주일 이내에 이의신청을 할 수 있다.

2000. 00. 00.

사법보좌관　　0 0 0　　(인)

정본입니다.
(채무자 000에 대한 강제집행을 실시하기 위한 것입니다)

지급명령 확정 당시 주소는 아래와 같습니다.
채 권 자　0 0 0
　　　　　　서울 00구 00000길 000, 000동 0000호(00동, 00아파트)
채 무 자　0 0 0
　　　　　　서울 00구 00길 00, 00동 000호(000동, 00000아파트)

2000. 00. 00.

법원주사　　0 0 0　　(직인)

※ 1. 채무자가 이 명령이 송달된 날로부터 2주일 이내에 이의신청서를 제출하지 않으면 이 지급명령은 확정판결과 같은 효력을 가집니다.(우편에 의한 이의신청서는 위 기간내에 법원에 도착하여야 합니다.)
2. 채무자가 이의신청을 하는 경우에는 이의신청서와 별도로 지급명령의 청구원인에 대한 구체적인 진술을 적은 답변서를 제출하여야 합니다.(자세한 내용은 '독촉안내절차서' 참조)
3. 지급명령이 확정되어 채권자가 지급명령정본을 송달받은 경우에도 지급명령에 조건이 붙는 경우, 당사자의 승계인을 위하여 또는 당사자의 승계인에 대하여 강제집행을 하는 경우를 제외하고는 집행문을 부여받을 필요 없이 이 정본에 의하여 강제집행을 할 수 있습니다.

PART III

지급명령에 대한 이의신청

I 지급명령에 대한 이의신청

1. 지급명령에 대한 이의신청의 의의 :

    (1) 지급명령은 채권자의 일방적인 주장에 의하여 서면 심리만으로 이루어지는 것이므로 상대방인 채무자에게도 다툴 수 있는 기회를 주는 것이 필요하다. 때문에 민사소송법에서는 채권자의 지급명령에 대하여 불복하는 채무자에게 이의신청을 할 권리를 인정하고 있다(민사소송법 제469조 제2항).

    (2) 지급명령에 대한 이의신청서는 채무자가 채권자의 신청에 의하여 이루어진 지급명령에 대하여 이의가 있을 경우에 사건번호, 사건명, 채권자, 채무자, 이의신청 이유 등을 기재하여 제출하는 서면을 말한다.

2. 지급명령에 대한 이의신청의 요건 :

    (1) 지급명령에 대한 이의신청은 지급명령 정본을 송달 받은 날로부터 2주 이내에 하여야 한다.

    (2) 위 기간은 불변기간으로 한다(민사소송법 제470조 제2항)

    (3) 단, 채무자가 책임질 수 없는 사유로 말미암아 그 기간을 준수하지 못한 경우에는 그 사유가 없어진 날로부터 2주 이내에 추후보완이의를 할 수 있다(민사소송법 제173조).

3. 지급명령에 대한 이의신청서 작성 및 제출요령

   (1) 지급명령에 대한 이의신청서도 부록1과 같은 양식의 표지를 만들어 맨 앞에 첨부한다.

   (2) 지급명령에 대한 이의신청서를 작성하여 제출하고자 하는 경우에 답변서를 기재, 첨부하여 일거에 이의신청을 할 수 있다. 그러나 답변서의 작성에 상당한 기간이 필요한 경우에는 위 제출기간 내에 부록2와 같은 양식의 이의신청서를 먼저 제출하고, 30일 이내에 이의신청의 답변서를 제출한다(이 경우 답변서 표지를 만들어 맨 앞에 첨부한다).

   (3) 지급명령에 대한 이의신청을 할 경우 인지대나 송달료 등 아무런 비용의 부담이 없다.

4. 지급명령에 대한 이의신청의 효과

   (1) 지급명령에 대한 이의신청을 한 때에 지급명령은 그 범위 안에서 효력을 잃는다(민사소송법 제470조 제1항).

   (2) 채무자가 지급명령에 대하여 적법한 이의신청을 한 경우에는 지급명령을 신청한 때에 이의신청된 청구목적의 값에 관하여 소가 제기된 것으로 본다(민사소송법 제472조 제2항).

 지급명령에 대한 이의신청서 작성

1. 표제 :

   표제는 부록2.양식과 같이 맨 위에 "지급명령에 대한 이의신청서"라고 기재한다.

2. 사건의 표시 :

   사건의 표시는 지급명령서에 기재된 내용대로 사건번호와 사건명을 기재한다.

3. 당사자의 표시 :

   당사자의 표시 역시 지급명령서에 기재된 내용대로 채권자와 채무자를 기재한다.

4. 이의신청 내용

   이의신청의 내용으로는 부록2. 양식과 같이 "위 사건에 관하여 채무자는 2000. 00. 00. 지급명령정본의 송달을 받았으나 그 지급에 응할 하등의 의무가 없으므로 위 지급명령에 대하여 이의신청을 제기합니다."라고 간단히 기재하면 된다.

5. 연월일 :

   지급명령에 대한 이의신청서를 제출하는 일자를 기재한다.

6. 기명, 날인 :

채무자의 성명(법인인 경우에는 법인명과 대표이사명 기재)을 기재하고 날인을 한다.

7. 관할법원 :

관할법원 역시 지급명령서에 기재된 내용대로 기재한다.

8. 답변서 :

(1) 답변서 작성은 이 책 "PART Ⅳ 이의신청의 답변서 사례"의 양식대로 위와 같이 표제, 사건의 표시, 당사자의 표시를 하고 모두에 " 위 사건에 관하여 채무자는 아래와 같이 답변합니다."라고 기재한다.

(2) "청구취지에 대한 답변"에서는 아래와 같은 형식으로 기재한다.
" 1. 채권자(원고)의 청구를 기각한다.
 2. 소송비용은 채권자(원고)의 부담으로 한다.
 라는 재판을 구합니다."

(3) "청구원인에 대한 답변"에서는 채권자(원고)의 청구취지와 청구원인을 반박하는 내용을 상세하게 기재한다. 이 부분이 "지급명령에 대한 이의신청"에서 가장 중요한 내용이므로 증거자료가 있는 경우에는 증거자료에 근거하여 상세하고 논리적인 반박을 하여야 한다.

(4) 그 밖의 사항은 후술하는 답변서 양식을 참고하고, 보다 상세한 내용은 답변서 사례들을 보고 익히면 이의신청서와 답변서를 충분히 작성할 수 있을 것이다.

지급명령에 대한 이의신청서 접수

1. 이의신청서의 간인 :

   위와 같은 방법으로 지급명령에 대한 이의신청서를 모두 작성하였을 때에는 날인을 할 부분에는 날인을 하고, 표지를 포함한 모든 서류의 사이사이에 간인을 한다.

2. 이의신청서의 편철 :

   위와 같이 모든 간인을 한 서류는 맨 앞에 표지, 이의신청서, 답변서 순으로 철한다.

3. 이의신청서의 접수하기 :

   (1) 지급명령에 대한 이의신청서는 당사자 수에 1을 더한 수의 부본을 함께 제출한다.
   (2) 지급명령에 대한 이의신청서는 채무자가 직접 법원에 찾아가서 접수할 수도 있고, 지급명령서에 기재된 주소와 법원 및 재판부로 등기우편으로 접수할 수도 있다(전자신청도 가능).

4. 이의신청서의 각하 :

   (1) 지급명령에 대한 이의신청이 이의신청기간이 도과하거나, 부적법하다고 인정하는 경우에는 법원에서 각하한다(민사소송법 제471조 제1항).
   (2) 이의신청에 대한 각하결정에 대하여 채무자는 즉시항고를 할 수 있다(민사소송법 제471조 제2항).

IV. 지급명령에 대한 이의신청서 접수 후의 절차

1. 이의신청의 취소 :

    지급명령에 대한 이의신청은 이의신청에 대하여 각하결정 전이나 소송으로 이행되기까지는 채무자가 임의로 취하할 수 있다.

2. 이송으로의 이행 :

    지급명령에 대한 이의신청으로 당시 지급명령 사건은 소송으로 이행되고, 이와 같이 소가 제기된 것으로 보는 경우에 법원은 채권자에게 인지액 등의 보정명령을 발하게 된다.

PART IV

이의신청의 답변서 사례

[사례1. 채무변제의 항변]

답 변 서

사 건   2000 차 000000호   대여금 청구 지급명령

채 권 자   조○기   (000000-000000)
　　　　　서울 00구 00동 000-00,00아파트 00동 00호   (우:00000)
　　　　　연락처 : 000-0000-0000

채 무 자   한○용   (000000-0000000)
　　　　　서울 00구 00동 000길 000,000동 000호(00동, 0000아파트) (우:00000)
　　　　　연락처 : 000-0000-0000

위 사건에 관하여 채무자는 아래와 같이 답변합니다.

청구취지에 대한 답변

1. 채권자(원고)의 청구를 기각한다.
2. 소송비용은 채권자(원고)의 부담으로 한다.
   라는 재판을 구합니다.

청구원인에 대한 답변

1. 채권자의 주장과 같이 채무자는 채권자에게 금 60,000,000원의 대여금 채무가 있었던 것은 인정합니다. 그러나 이 채무는 다음과 같은 방법으로 이미 변제하였습니다.

2. 변제내역

　가. 위 돈 중 금 30,000,000원은 채무자와 채권자가 2000. 00. 00.경 서울시 00구 00동 소재 "000커피숍"에서 만났을 때 현금 10,000,000원과 수표 2천만 원 권으로 직접 변제하였고,

　나. 위 돈 중 금 10,000,000원은 채무자가 2000. 00. 00. 채권자의 00은행 00지점 0000-0000-0000 계좌로 온라인 송금하였고,

　다. 위 돈 중 금 20,000,000원은 2000. 00. 00. 위 채권자의 은행 계좌로 온라인 송금하여 모두 변제하였습니다.

3. 따라서 채권자의 청구는 부당하므로 기각되어 마땅한 것입니다.

증 거 방 법

을 제1호증　　수표사본
을 제2호증　　금융거래자료

2000. 00. 00.

채 무 자　　한 ○ 용　　(인)

서울중앙지방법원　귀중

[사례2. 채무면제의 항변]

답 변 서

사　　건　　2000 차 000000호　　임대료 청구 지급명령

채 권 자　　박○호　　(000000-000000)
　　　　　　서울 00구 00동 000-00,00아파트 00동 00호　　　　(우:00000)
　　　　　　연락처 : 000-0000-0000

채 무 자　　백○기　　(000000-0000000)
　　　　　　서울 00구 00동 000길 000,000동 000호(00동, 0000아파트) (우:00000)
　　　　　　연락처 : 000-0000-0000

위 사건에 관하여 채무자는 아래와 같이 답변합니다.

청구취지에 대한 답변

1. 채권자(원고)의 청구를 기각한다.
2. 소송비용은 채권자(원고)의 부담으로 한다.
　라는 재판을 구합니다.

청구원인에 대한 답변

1. 채권자의 주장과 같이 채무자는 채권자에게 금 20,000,000원의 대여금 채무가 있었던 것은 인정합니다. 그러나 이 채무는 다음과 같은 방법으로 이

미 채무면제를 받았던 것입니다.

2. 채무면제의 항변

　가. 채무자가 00시 00구 00동 000-00 소재 "0000 상회"라는 상호로 중국 여행객들을 상대로 관광상품 장사를 약 5년 전부터 해오던 중, 2000. 00. 00.부터 "사드사태" 중국 여행객들이 끊기면서 극심한 사업부진으로 위 가게를 운영하기도 어려웠습니다.

　나. 채권자는 채무자가 장사를 하는 위 상회의 소유자로 약 5년 전부터 채무자에게 보증금 1,000만 원, 월세 500만 원의 임대를 놓고 임대료를 받아오던 자로, 채무자가 극심한 영업부진으로 임대료를 내지 못하던 2000. 00. 00. 당시 미납 임대료가 5,000만 원에 이르자, 채무자에게 밀린 임대료를 낼 것을 강력히 요구하였습니다.

　다. 하지만 채무자의 사업이 나아질 기미가 보이지 않고, 거래처 등의 악성 미수금이 5억 원 가량에 이르른 2000. 00. 00.경 채무자의 점포로 찾아온 채권자에게 채무자가 도저히 견딜 수가 없어 법원에 개인파산을 신청할 수 밖에 없는 사정을 말하고 그렇게 할 것이라고 말하자, 채권자는 미수금 5천만 원 중 보증금 1천만 원을 제하고 남은 미수금 4천만 원 중 절반만 내고 가게를 비우면 더 이상의 채무를 탕감해 주겠다고 약속을 하였습니다.

　라. 채권자의 위와 같은 약속에 채무자는 2000. 00. 00. 채무자의 친척인 소외 김0란을 찾아가 위와 같은 사정을 말하고 금 2천만 원을 차용해 그 돈을 채권자의 00은행 00지점 000-000000-000계좌로 송금하고 위 점포를 비웠던 것입니다.

　마. 때문에 위 나머지 미수금인 이 사건 금 2천만 원은 채권자가 채무를 면제하여 준 것이므로 채무자는 더 이상 돈을 갚을 수 없는 것입니다.

3. 위와 같이 채권자의 청구는 부당하므로 기각되어 마땅한 것입니다.

증 거 방 법

을 제1호증　　임대차계약서
을 제2호증　　금융거래자료
을 제3호증　　사실확인서(위 점포의 직원 양○기 작성)

2000. 00. 00.

채 무 자　　　백 ○ 기　　　　(인)

서울동부지방법원　귀중

[사례3. 상계의 항변]

답 변 서

사　　건　　2000 차 000000호　　물품대금 청구 지급명령

채 권 자　　주식회사 00　(000000-000000)
　　　　　　서울 00구 00동 000-00,00빌딩 701호 00호　　　(우:00000)
　　　　　　대표이사 양○만

채 무 자　　0000 주식회사　(000000-0000000)
　　　　　　서울 00구 00동 000길 000(00동, 00빌딩)　　　(우:00000)
　　　　　　대표이사 이○영
　　　　　　연락처 : 000-0000-0000

위 사건에 관하여 채무자는 아래와 같이 답변합니다.

청구취지에 대한 답변

1. 채권자(원고)의 청구를 기각한다.
2. 소송비용은 채권자(원고)의 부담으로 한다.
　라는 재판을 구합니다.

청구원인에 대한 답변

1. 채무자 0000주식회사는 자동차 부품인 000을 생산하는 법인이고, 채권자 주식회사00은 채무자의 회사에 원료를 납품하는 법인으로 채무자 회사에서 생산하는 자동차 부품을 매입해 가기도 하는 법인입니다.

2. 채무자는 채권자에게 2000. 00. 00.부터 같은 해 12월 말까지 채무자가 생산하는 자동차 부품 00을 금 2억 원 가량 판매한 사실이 있는데 그 판매대금은 같은 해 12월 말까지 갚기로 하였습니다. 그런데 위 지급기일이 지나도 채권자는 채무자 회사의 외상대금을 갚지 않아 채권자가 이 사건 지급명령에서 청구하고 있는 금 1억 8천만 원과 채무자가 채권자에 대하여 가지는 위 판매대금 2억 원 중에서 금 1억 8천만 원을 수동채권으로 하여 서로 상계한다는 의사표시를 2000. 00. 00. 채권자 회사 대표이사에게 하였습니다.

3. 때문에 채무자는 채권자의 이 사건 청구에 응할 수는 없고, 오히려 채권자는 채무자에게 금 2천만 원의 채무가 있으므로 이 사건 청구는 기각되어야 할 것입니다.

증 거 방 법

  을 제1호증 장부
  을 제2호증 전표
  을 제3호증 전자세금계산서

        2000. 00. 00.

    채 무 자   0000 주식회사
          대표이사 이○영 (인)

서울북부지방법원 귀중

[사례4. 일반채권의 소멸시효 완성]

답 변 서

사　　건　　2000 차 000000호　　대여금 청구 지급명령

채 권 자　　박○길　　(000000-000000)
　　　　　　서울 00구 00동 000-00,00아파트 00동 00호　　　　(우:00000)

채 무 자　　한○영　　(000000-0000000)
　　　　　　서울 00구 00동 000길 000,000동 000호(00동, 0000아파트) (우:00000)
　　　　　　연락처 : 000-0000-0000

위 사건에 관하여 채무자는 아래와 같이 답변합니다.

청구취지에 대한 답변

1. 채권자(원고)의 청구를 기각한다.
2. 소송비용은 채권자(원고)의 부담으로 한다.
　　라는 재판을 구합니다.

청구원인에 대한 답변

1. 채권자의 주장과 같이 채무자는 채권자에게 금 20,000,000원의 대여금 채무가 있었던 것은 인정합니다.

2. 그러나 채권자가 채무자에게 차용해 주었던 시기는 2000. 00.경이고, 위 금 20,000,000원의 변제기는 2000. 00. 00.이므로, 그로부터 일반채권의 소멸시효인 10년이 훨씬 경과하였으므로 민법 제162조에 의하여 소멸시효가 완성된 것입니다.

3. 따라서 채권자의 이 사건 청구는 부당하므로 기각되어 마땅한 것입니다.

증 거 방 법

을 제1호증   차용증
을 제2호증   금융거래자료

2000. 00. 00.

채 무 자   한 ○ 영   (인)

서울남부지방법원   귀중

[사례5. 이자채권의 소멸시효 완성]

답 변 서

사　　건　　2000 차 000000호　　보증채무 청구 지급명령

채 권 자　　주식회사 00저축은행　(000000-000000)
　　　　　　서울 0구 00동 000-00,00빌딩 000호　　　　　　　(우:00000)
　　　　　　대표이사 권○영

채 무 자　　최○길　(000000-0000000)
　　　　　　서울 00구 00동 000길 000,000동 000호(00동, 0000아파트) (우:00000)
　　　　　　연락처 : 000-0000-0000

위 사건에 관하여 채무자는 아래와 같이 답변합니다.

청구취지에 대한 답변

1. 채권자(원고)의 청구를 기각한다.
2. 소송비용은 채권자(원고)의 부담으로 한다.
　라는 재판을 구합니다.

청구원인에 대한 답변

1. 채권자는 대출업 등을 영위하는 법인이고, 채무자는 신청외 김철수가 2000. 00. 00.경 채권자로부터 원금 200,000,000원의 대출을 받을 때 연

대보증을 하였던 자입니다.

2. 이 사건은 채권자가 위 대출금에 대한 연체이자금 25,000,000원을 연대보증인인 채무자에게 청구한 것인바, 이 사건 이자금 채권은 3년의 단기소멸시효의 완성으로 인하여 이미 소멸된 것입니다. 채권자는 이 사건 이자금 채권에 대하여 소멸시효가 완성될 때까지 채무자에게 이를 고지하거나 지급을 청구한 사실이 없었으며, 기타 위 시효가 중단된 사실도 전혀 없습니다.

3. 때문에 이 사건 채권자의 청구는 부당하므로 기각되어 마땅한 것입니다.

증 거 방 법

을 제1호증   연대보증계약서

2000. 00. 00.

채 무 자   최 ○ 길   (인)

서울서부지방법원 귀중

[사례6. 손해배상금의 소멸시효 완성]

답 변 서

사　　건　　2000 차 000000호　　손해배상 청구 지급명령

채 권 자　　이○형 (000000-000000)
　　　　　　서울 0구 00동 000-00,00연립 000호　　　　　　　(우:00000)

채 무 자　　유○영 (000000-0000000)
　　　　　　서울 00구 00동 000길 000,000동 000호(00동, 0000아파트) (우:00000)
　　　　　　연락처 : 000-0000-0000

위 사건에 관하여 채무자는 아래와 같이 답변합니다.

청구취지에 대한 답변

1. 채권자(원고)의 청구를 기각한다.
2. 소송비용은 채권자(원고)의 부담으로 한다.
　라는 재판을 구합니다.

청구원인에 대한 답변

1. 채권자의 주장과 같이 채무자가 채권자를 폭행하여 채권자가 상해를 입은 사실에 대하여는 채무가가 인정합니다.

2. 그러나 위 폭행사건은 지금으로부터 약 7년 전에 발생한 사실이고, 채권자는 채무자가 어디서 무엇을 하며 살고 있다는 것도 잘 알고 있을 뿐 아니라, 가끔은 얼굴을 마주보고 이야기를 나눌 정도의 거래관계가 있는 사이이므로 위 폭행사건 직후에 바로 이 사건 손해배상금을 청구할 수 있었음에도 불구하고 오랜 세월이 지난 이제 와서야 이 사건 청구를 하고 있는 바, 이는 민법 제766조에 의하여 손해배상청구권이 시효에 의하여 소멸된 것입니다

3. 때문에 채권자는 이 사건 청구에 응할 수 없고, 채권자의 청구는 부당하므로 기각되어야 할 것입니다.

증 거 방 법

을 제1호증 폭행사건기록
을 제2호증 벌금납부영수증

2000. 00. 00.

채 무 자   유 ○ 영   (인)

서울중앙지방법원 귀중

[사례7. 음식대금의 단기소멸시효 완성]

답 변 서

사 건   2000 차 000000호   음식대금 청구 지급명령

채 권 자   김○순 (000000-000000)
          서울 00구 00동 000-00,00빌딩 000호   (우:00000)

채 무 자   정○기 (000000-0000000)
          서울 00구 00동 000길 000,000동 000호(00동,00빌라) (우:00000)
          연락처 : 000-0000-0000

위 사건에 관하여 채무자는 아래와 같이 답변합니다.

청구취지에 대한 답변

1. 채권자(원고)의 청구를 기각한다.
2. 소송비용은 채권자(원고)의 부담으로 한다.
   라는 재판을 구합니다.

청구원인에 대한 답변

1. 채권자의 00시 00구 00동 소재 "마포곱창"이라는 상호로 주점업을 하는 자이고, 채무자는 위 주점에 자주 가던 자입니다.

2. 채권자가 밝히고 있다시피 이 사건에서 청구한 금 150만 원은 채무자가 2000. 00.경에 먹었던 술값에 대한 외상값을 말하는 것입니다. 당시 채무

자는 채권자의 주점 부근에서 신발 장사를 하고 있었는데 평소에 용돈이 부족하면 채권자의 주점에서 술을 먹고 외상을 하곤 하면서 채권자가 사용하는 장부에 싸인을 해 준 사실이 있습니다. 하지만 채무자가 술을 먹고 계산을 할 때 외상대금도 모두 카드로 결제 하였던 것이 사실이나 그 영수증 같은 것은 받아두질 않았습니다. 그럼에도 불구하고 채권자는 이미 다 갚은 외상값을 또 다시 청구하고 있는 것입니다.

3. 하지만 이 사건 청구 금액은 음식대금(술값)으로 그 채권이 발생한 지가 무려 4년 이상 경과한 것으로 이는 민법 제164조 제1호의 규정에 의한 1년의 단기소멸시효를 훨씬 경과하여 소멸시효가 완성된 것입니다. 때문에 채무자는 채권자의 청구에 응할 수가 없으므로 이 사건 청구는 기각되어야 마땅한 것입니다.

증 거 방 법

을 제1호증 카드사용내역서

2000. 00. 00.

채 무 자 정 ○ 기 (인)

서울중앙지방법원 귀중

[사례8. 위조된 어음]

답 변 서

사　　건　　2000 차 000000호　　어음금 청구 지급명령

채 권 자　　남○순　　(000000-000000)
　　　　　　서울 0구 00동 000-00, 00연립 000호　　　　　　(우:00000)

채 무 자　　양○래　　(000000-0000000)
　　　　　　서울 00구 00동 000길 000, 000동 000호(00동, 0000아파트) (우:00000)
　　　　　　연락처 : 000-0000-0000

위 사건에 관하여 채무자는 아래와 같이 답변합니다.

청구취지에 대한 답변

1. 채권자(원고)의 청구를 기각한다.
2. 소송비용은 채권자(원고)의 부담으로 한다.
　　라는 재판을 구합니다.

청구원인에 대한 답변

1. 채권자의 대부업을 하는 자이고, 채무자는 양말 공장을 하면서 사업상 필요한 어음금을 채권자에게 할인하는 방법으로 자금을 융통하던 자입니다.

2. 채권자는 이 사건 어음의 발행인이며 같은 채무자인 주식회사 OOO 대표이사 이O구와 배서인인 채무자를 상대로 어음금을 청구하고 있으나, 위 발행인 주식회사 OOO은 채무자와 하등의 관계가 없는 회사이고, 채무자가 배서하여 채권자에게 할인한 어음이 아닙니다. 그리고 위 어음 배서인으로 채무자의 이름 및 날인 그리고 주소가 기재되어 있으나, 채무자의 이름이나 주소의 필체는 채무자의 필체와 상당히 유사하지만 채무자의 필체가 아닙니다. 더욱이 채무자의 날인은 채무자가 한 번도 사용해 본 적이 없는 도장으로 채무자는 그런 도장을 가지고 있지도 않습니다. 누군가 채무자의 필체를 흉내 내어 그와 같은 기재를 한 것입니다. 때문에 채무자는 위 어음의 채무자 배서를 위조한 성명불상자를 상대로 형사고소하였습다. 한편, 채무자는 채권자에게 어음을 할인하는 경우 늘 어음금장부에 그 기재를 해 놓습니다만 이 사건 청구의 어음금은 채무자의 어음금장부에도 기재되어 있지 않습니다.

3. 때문에 이 사건 채권자의 청구는 부당하므로 기각되어 마땅한 것입니다.

증 거 방 법

을 제1호증   어음금장부
을 제2호증   고소장 사본

2000. 00. 00.

채 무 자   양 ○ 래   (인)

서울중앙지방법원   귀중

[사례9. 어음금 제소권 시효소멸]

답 변 서

사 건　2000 차 000000호　　어음금 청구 지급명령

채 권 자　황○석　(000000-000000)
　　　　　서울 0구 00동 000-00,00아파트 00동 000호　　　　(우:00000)

채 무 자　이○형　(000000-0000000)
　　　　　서울 00구 00동 000길 000,000동 000호(00동, 0000아파트) (우:00000)
　　　　　연락처 : 000-0000-0000

위 사건에 관하여 채무자는 아래와 같이 답변합니다.

청구취지에 대한 답변

1. 채권자(원고)의 청구를 기각한다.
2. 소송비용은 채권자(원고)의 부담으로 한다.
　라는 재판을 구합니다.

청구원인에 대한 답변

1. 채무자는 이 사건 어음의 발행인인 신청외 이0수로부터 용역비 결제금으로 교부받아 그 배서를 하여 물품대금조로 채권자에게 교부하였고, 채권자는 이를 다시 배서하여 신청외 양0환에게 배서하여 교부하였던 자입니다.

2. 위 어음은 위 양0환이 최종소지자일 때인 2000. 00. 00. 부도처리 되었고, 채권자는 양0환이 가지고 있던 이 사건 어음을 2000. 00. 00. 환수하면서 그 어음금을 지급하였다고 주장하고 있습니다만 어음법 제70조 제3항에 의하면 배서인의 다른 배서인에 대한 재소구권의 행사는 배서인이 어음을 환수한 날로부터 6월 이내에 행사하지 아니하면 소멸시효가 완성된다고 규정하고 있는 바, 이 사건 어음금의 청구는 이미 소멸시효가 완성된 것입니다.

3. 때문에 이 사건 채권자의 청구는 부당하므로 기각되어 마땅한 것입니다.

증 거 방 법

을 제1호증   어음사본

2000. 00. 00.

채 무 자   이 ○ 형   (인)

서울서부지방법원   귀중

[사례10. 하자담보책임에 의한 계약해제]

답 변 서

사 건   2000 차 000000호   매매대금 청구 지급명령

채 권 자   장○표 (000000-000000)
          서울 00구 00동 000-00,00아파트 00동 000호   (우:00000)

채 무 자   김○길 (000000-0000000)
          서울 00구 00동 000길 000,000동 000호(00동, 0000아파트) (우:00000)
          연락처 : 000-0000-0000

위 사건에 관하여 채무자는 아래와 같이 답변합니다.

청구취지에 대한 답변

1. 채권자(원고)의 청구를 기각한다.
2. 소송비용은 채권자(원고)의 부담으로 한다.
   라는 재판을 구합니다.

청구원인에 대한 답변

1. 채무자는 채권자로부터 00시 00구 00동 000-00등 2필지의 임야 약 500평을 매수한 자이고, 채권자는 위 임야를 채무자에게 매도한 자입니다.

2. 채권자는 이 사건에서 매매대금 잔금 3억 원을 청구하고 있습니다. 그러나 채권자와 채무자 간의 위 임야에 대한 2000. 00. 00 맺은 매매계약은 해

제된 것입니다. 즉 위 임야에 대한 매매계약을 체결하고 계약금을 지급한 직후 채무자는 위 토지의 북쪽에 있는 1필지의 토지가 신청외 김O자와 채권자 간에 분쟁이 있는 토지로 그 재판이 진행 중인 사실을 알게 되었습니다. 즉 채권자는 위 토지가 분쟁이 있는 토지로 그 소유권이 신청외 김O자에게 넘어갈 수도 있다는 사실을 채무자에게 알리지 않고 위와 같은 매매계약을 체결하고 그 계약금을 받았던 것입니다. 때문에 위 계약을 맺은 후 1개월 가량이 경과한 2000. 00. 00. 채무자는 채권자에게 위와 같은 사유로 위 매매계약을 해제하고 계약금을 반환해 줄 것을 내용증명으로 요구하였습니다. 그런데 채권자는 위와 같은 사실을 무시하고 이 사건 청구를 한 것입니다.

3. 때문에 이 사건 채권자의 청구는 부당한 것이므로 기각되어 마땅한 것입니다.

증 거 방 법

을 제1호증　부동산매매계약서
을 제2호증　내용증명
을 제3호증　통장사본
을 제4호증　재판기록(원고 김O자, 피고 장O표)

2000. 00. 00.

채 무 자　　김 ○ 길　　　(인)

서울중앙지방법원　귀중

[사례11. 상사채권의 소멸시효 완성]

답 변 서

사 건   2000 차 000000호   공사대금 청구 지급명령

채 권 자   주식회사 00석재 (000000-000000)
          서울 0구 00동 000-00,00빌딩 000호   (우:00000)
          대표이사 이○균

채 무 자   주식회사 0000건설 (000000-0000000)
          서울 00구 00동 000길 000,000동 000호(00동, 00빌딩) (우:00000)
          대표이사 최○수
          연락처 : 000-0000-0000

위 사건에 관하여 채무자는 아래와 같이 답변합니다.

청구취지에 대한 답변

1. 채권자(원고)의 청구를 기각한다.
2. 소송비용은 채권자(원고)의 부담으로 한다.
   라는 재판을 구합니다.

청구원인에 대한 답변

1. 채권자의 석공사업 등을 영위하는 법인이고, 채무자는 건설업을 영위하는 법인입니다.

2. 채권자가 이 사건에서 주장하는 청구의 내용은 2000. 00. 00. 채무자와 채권자 간에 이루어진 00시 00구 00동 000-00 소재 00빌라 신축공사 중 석공사계약에 따라 채권자가 2000. 00.말경에 완료한 위 석공사대금 5천만원을 지급하라는 것입니다. 하지만 채권자가 위 공사를 한 것은 사실이지만 위 공사계약에 따라 채권자가 사용하여야 할 자재를 중국산 싼 자재로 대체하여 사용하는 등 공사의 부실로 여러 가지 문제가 발생하여 채권자와 채권자 간에 다툼이 있던 공사대금이었습니다. 또한 위 석공사대금 채권은 상인 간에 이루어진 상사채권으로 민법 제163조 제6호에 따라 3년의 단기소멸시효에 해당하는 채권으로 그 채권은 이미 시효가 완성된 채권입니다.

3. 따라서 이 사건 채권자의 청구는 부당한 것이므로 기각되어 마땅한 것입니다.

증 거 방 법

을 제1호증   석공사계약서
을 제2호증   위 공사 준공서
을 제3호증   위 공사 진행기록

2020. 00. 00.

채 무 자   주식회사 0000건설
          대표이사 최○수   (인)

서울중앙지방법원   귀중

[사례12. 증약적 계약금]

답 변 서

사　　건　　2000 차 000000호　　손해배상 청구 지급명령

채 권 자　　최○무 (000000-000000)
　　　　　　서울 00구 00동 000-00, 00빌라 000호　　　　　　(우:00000)

채 무 자　　주식회사 0000건설 (000000-0000000)
　　　　　　서울 00구 00동 000길 000,000동 000호(00동, 00빌딩) (우:00000)
　　　　　　대표이사 양○철
　　　　　　연락처 : 000-0000-0000

위 사건에 관하여 채무자는 아래와 같이 답변합니다.

청구취지에 대한 답변

1. 채권자(원고)의 청구를 기각한다.
2. 소송비용은 채권자(원고)의 부담으로 한다.
　라는 재판을 구합니다.

청구원인에 대한 답변

1. 채무자는 건설업을 영위하는 법인으로, 채권자는 2000. 00. 00. 채무자 소유인 경기도 00시 00구 00동 산000 번지 임야 15,000㎡에 대한 매매계약을 체결하였던 자입니다.

2. 위 매매계약의 주요 내용은 다음과 같습니다.

- 다 음 -

　　매매대금 : 금 5억 5천만 원
　　계약일 : 2000. 00. 00.
　　계약금 : 금 1,000만 원 (계약 당일 지급)
　　중도금 : 금 3억 4천만 원 (계약후 6개월 이내 지급)
　　잔금 : 금 2억 원(중도금 지급후 1개월 이내 지급)

3. 채권자는 채무자의 사정으로 위 매매계약이 해제되자 위 계약금이 2배금인 금 2,000만 원의 손해배상금을 이 사건에서 청구하였습니다. 하지만 위 계약을 할 당시 위 계약금은 채권자가 주장하는 것과 같은 해약적 계약금이 아닙니다. 즉 위 계약금은 매매계약의 성립을 증명하는 이른바 증약적 계약금에 불과한 것입니다. 채권자는 위 매매계약서에 계약금의 배액을 지급한다는 취지의 기재를 근거로 이 사건 청구를 하였으나 위 계약에서 사용된 계약서를 일반 문방구에서 파는 계약서로 위 배액 지급 규정은 이른바 예문적 기재에 불과한 것으로 채권자와 채무자는 위 계약을 할 당시 계약금의 배액반환에 대한 조건은 전혀 언급되지도 않았던 것입니다. 더욱이 위 계약금은 매매대금의 2%에도 못 미치는 금액으로 이는 위 계약금이 증약적 계약금임을 더욱 확인시켜 주는 것입니다.

4. 따라서 위 계약금의 배액을 청구한 채권자의 이 사건 청구는 마땅히 기각되어야 할 것입니다.

증 거 방 법

　　을 제1호증　　부동산매매계약서
　　을 제2호증　　영수증

　　　　　　　2000. 00. 00.

　　채 무 자　　주식회사 0000건설
　　　　　　　　대표이사　양○철　　　(인)

서울중앙지방법원　귀중

[사례13. 임대인의 보수책임]

답 변 서

사　　건　　2000 차 000000호　　　임대료 청구 지급명령

채 권 자　　함○석 (000000-000000)
　　　　　　서울 00구 00동 000-00, 00빌딩 501호　　　　　　(우:00000)
　　　　　　연락처 : 000-0000-0000

채 무 자　　차○갑 (000000-0000000)
　　　　　　서울 00구 00동 000길 000,000동 000호(00동, 00빌라)　(우:00000)
　　　　　　연락처 : 000-0000-0000

위 사건에 관하여 채무자는 아래와 같이 답변합니다.

청구취지에 대한 답변

1. 채권자(원고)의 청구를 기각한다.
2. 소송비용은 채권자(원고)의 부담으로 한다.
　라는 재판을 구합니다.

청구원인에 대한 답변

1. 채권자는 위 주소지 빌딩의 소유자이고, 채무자는 동 빌딩 101호의 세입자로 채무자는 동 장소에서 "00치킨"이라는 상호로 호프집을 하는 자입니다.

2. 채권자의 주장과 같이 채무자가 위 점포의 6개월 치 임대료 1,800만 원을 지급하지 않은 것은 인정합니다. 하지만 위 임대료는 채무자의 채권자에 대

한 채권과 상계된 것입니다. 즉, 채무자가 임차한 위 점포는 천정에서 물이 새고, 벽이 헐어서 통상의 용법에 따라 사용할 수 없는 지경이었습니다. 그래서 2000. 00. 00. 채무자는 채권자에게 위 점포를 수리하여 줄 것을 요청하였으나, 채권자는 채무자와의 맺은 임대차계약서에 "수리의무는 임차인이 부담한다"라는 규정을 들어 위와 같은 수리를 거부하였습니다. 그러면서도 채권자는 채무자가 임대차계약을 해제하고 이사를 하겠다고 말하여도 들은 척도 하지 않았습니다.

3. 이에 막대한 임차료와 권리금을 주고 위 점포에 들어온 채무자는 부득이 정상적인 영업을 위하여 2000. 00. 00.부터 2000. 00. 00. 목수와 인부들을 동원하여 위 점포를 수리하였고, 그 수리비용은 무려 2,000만 원이 소요되었습니다. 채권자가 주장하는 위 임대차계약서 상 임차인 수리의무는 일상적인 수리나 보수를 말하는 것이 위 점포의 대수선과 같은 의무까지 임차인이 부담하는 것이 아니라는 것은 거래계에서 인정되는 관습입니다. 때문에 위와 같은 대수선을 마친 채무자는 채권자에게 위와 같은 대수선 사실을 알리고 밀린 임대료와 상계한다는 의사표시를 내용증명으로 통보하였습니다.

4. 따라서 위와 같은 사실을 숨기고 연체된 임대료 금 1,800만 원을 청구한 채권자의 이 사건 청구는 마땅히 기각되어야 할 것입니다.

증 거 방 법

을 제1호증   상가임대차계약서
을 제2호증   위 공사 견적서
을 제3호증   위 공사 영수증
을 제4호증   내용증명

2000. 00. 00.

위 채 무 자   차 ○ 갑   (인)

서울동부지방법원   귀중

[사례14. 상속포기]

답 변 서

사 건 2000 차 000000호 대출금 청구 지급명령

채 권 자 주식회사 0000 (000000-000000)
　　　　　서울 00구 00동 000-00, 00빌딩 501호　　　　　(우:00000)
　　　　　대표이사 김○상

채 무 자 1. 이○영 (000000-0000000)
　　　　　　　서울 00구 00동 000길 000,000동 000호(00동, 00빌라) (우:00000)
　　　　　　　연락처 : 000-0000-0000

　　　　　2. 이○수 (000000-0000000)
　　　　　　　서울 00구 00동 000길,000동 000호(00동, 00아파트) (우:00000)
　　　　　　　연락처 : 000-0000-0000

위 사건에 관하여 채무자들은 아래와 같이 답변합니다.

청구취지에 대한 답변

1. 채권자(원고)의 청구를 기각한다.
2. 소송비용은 채권자(원고)의 부담으로 한다.
　　라는 재판을 구합니다.

청구원인에 대한 답변

1. 채권자는 망 김0숙(피상속인)에게 2000. 00. 00. 금 5천만 원을 대출하여 주었으므로 망 김0숙의 상속인들인 채무자들에게 피상속인의 위 대출금에 대하여 각 법정상속지분비율에 따라 금 2,500만 원씩 채권자에게 지급하라는 이 사건 청구를 하였습니다.

2. 그러나 채무자들은 피상속인이 물려주는 재산은 없고 많은 채무만 남겨 놓았다는 사실을 알고, 피상속인이 사망한 2000. 00. 00.로부터 3월 이내인 2000. 00. 00. 상속포기신청을 하여 같은 달 30. 법원으로부터 2000 느단 0000호로 상속포기심판을 받았습니다.

3. 따라서 채권자의 이 사건 청구는 마땅히 기각되어야 할 것입니다.

증 거 방 법

을 제1호증　상속포기심판서
을 제2호증　재적등본
을 제3호증　가족관계증명서

2000. 00. 00.

위 채 무 자　　이 ○ 영　　(인)
　　　　　　　　이 ○ 수　　(인)

서울북부지방법원　귀중

[사례15. 파산 및 면책]

답 변 서

사　　건　　2000 차 000000호　　보증채무금 청구 지급명령

채 권 자　　주식회사 0000　(000000-000000)
　　　　　　서울 00구 00동 000-00, 00빌딩 501호　　　　　　(우:00000)
　　　　　　대표이사 윤○호

채 무 자　　박○길　(000000-0000000)
　　　　　　서울 00구 00동 000길 000,000동 000호(00동, 00아파트)(우:00000)
　　　　　　연락처 : 000-0000-0000

위 사건에 관하여 채무자는 아래와 같이 답변합니다.

청구취지에 대한 답변

1. 채권자(원고)의 청구를 기각한다.
2. 소송비용은 채권자(원고)의 부담으로 한다.
　라는 재판을 구합니다.

청구원인에 대한 답변

1. 채권자의 주장과 같이 채무자가 2000. 00. 00. 신청외 김0근이 채권자로부터 이 사건 청구취지의 금원을 대출받을 당시 채무자가 그 연대보증을 한 사실은 인정합니다.

2. 하지만 채무자는 위 보증채무금을 파산채권자 명부에 기재하여 서울중앙지방법원 2000하단 00000호 파산 및 2000파면 0000호 면책신청을 하여 2000. 00. 00. 면책허가결정을 받았고, 동 결정은 같은 달 30. 확정이 되었으므로 이 사건 채무금은 면책된 것입니다.

3. 따라서 채권자의 이 사건 청구는 마땅히 기각되어야 할 것입니다.

증 거 방 법

을 제1호증   위 면책결정문
을 제2호증   위 파산결정문
을 제3호증   위 파산신청서 사본

2000. 00. 00.

위 채 무 자   박 ○ 길   (인)

서울남부지방법원   귀중

[사례16. 불제소합의 항변]

답 변 서

사　　건　　2000 차 000000호　　손해배상금 청구 지급명령

채 권 자　　최○용 (000000-000000)
　　　　　　서울 00구 00동 000-00, 00빌라 501호　　　　　　(우:00000)

채 무 자　　김○혁 (000000-0000000)
　　　　　　서울 00구 00동 000길 000,000동 000호(00동, 00연립) (우:00000)
　　　　　　연락처 : 000-0000-0000

위 사건에 관하여 채무자는 아래와 같이 답변합니다.

청구취지에 대한 답변

1. 채권자(원고)의 청구를 기각한다.
2. 소송비용은 채권자(원고)의 부담으로 한다.
　라는 재판을 구합니다.

청구원인에 대한 답변

1. 채무자가 채권자의 주장과 같이 금 50,000,000원을 받아 간 것은 인정합니다. 그런데 채권자는 위 금원에 대하여 편취를 당하였다는 이유로 2000. 00. 경 서울동부지방검찰청에 사기죄로 채무자를 형사고소한 사실이 있습니다.

2. 위 사건으로 조사를 받던 채무자는 채권자와 원만한 합의를 하여 2000. 00. 00. 위 금원을 채무자가 채권자에게 돌려주고 합의서를 작성하였습니다. 그런데 위 합의서를 작성할 당시 위 채권자는 민형사상 더 이상 문제제기를 하지 않겠다는 내용의 불제소합의를 하였습니다.

3. 때문에 이 사건 청구는 채권자의 착오로 제기된 것으로 보이므로, 채권자의 이 사건 청구를 기각되어야 마땅한 것입니다.

증 거 방 법

을 제1호증   합의서
을 제2호증   위 형사사건 기록 사본

2000. 00. 00.

위 채 무 자   김 ○ 혁   (인)

서울동부지방법원   귀중

[사례17. 통정허위표시]

답 변 서

사 건   2000 차 000000호   대여금 청구 지급명령

채 권 자   서○수   (000000-000000)
            서울 00구 00동 000-00, 00연립 501호   (우:00000)

채 무 자   최○철   (000000-0000000)
            서울 00구 00동 000길 000,000동 000호(00동, 00빌라) (우:00000)
            연락처 : 000-0000-0000

위 사건에 관하여 채무자는 아래와 같이 답변합니다.

청구취지에 대한 답변

1. 채권자(원고)의 청구를 기각한다.
2. 소송비용은 채권자(원고)의 부담으로 한다.
   라는 재판을 구합니다.

청구원인에 대한 답변

1. 채권자와 채무자는 같은 상가에서 옷장사를 하는 자들입니다. 채무자는 채권자로부터 이 사건 청구의 금원을 차용한 사실이 없습니다.

2. 채권자가 이 사건 지급명령을 신청하면서 첨부한 채무자 명의의 차용증이 존재하는 것은 사실이나, 그 차용증은 채권자와 채무자가 서로 통정하여 작성한 허위의 문서입니다. 즉, 위 차용증은 채권자가 다른 사람으로부터 돈을 빌리기 위해 마치 채권자가 채무자에게 빌려준 돈이 있는 것처럼 만들기 위해서 작성된 것일 뿐 실제의 채무가 있어서 작성된 것이 아닙니다.

3. 따라서 채권자의 이 사건 청구는 마땅히 기각되어야 할 것입니다.

증 거 방 법

을 제1호증　사실확인서(위 상가 상인 허0만 작성)

2000. 00. 00.

위 채 무 자　　　최 ○ 철　　　(인)

서울서부지방법원　귀중

[사례18. 미성년자의 법률행위]

답 변 서

사　　건　　2000 차 000000호　　약정금 청구 지급명령

채 권 자　　이○선　　　(000000-000000)
　　　　　　서울 00구 00동 000-00, 00연립 501호　　　　　　(우:00000)

채 무 자　　장○희　　　(000000-0000000)
　　　　　　서울 00구 00동 000길 0동 00호(00동, 00원룸)　　(우:00000)
　　　　　　연락처 : 000-0000-0000

위 사건에 관하여 채무자는 아래와 같이 답변합니다.

청구취지에 대한 답변

1. 채권자(원고)의 청구를 기각한다.
2. 소송비용은 채권자(원고)의 부담으로 한다.
　 라는 재판을 구합니다.

청구원인에 대한 답변

1. 채무자는 채권자의 주장과 같이 채권자와 채무자 간에 이 사건 약정금을 채무자가 갚겠다는 내용의 약정서를 2000. 00. 00. 작성한 사실은 인정합니다.

2. 그런데 위 약정금은 채무자의 친구인 양○길이 채권자에게 진 채무금을 대

신 갚아준다는 것이었습니다. 하지만 위 약정서를 작성할 당시 채무자는 만 18세인 미성년자였습니다. 따라서 위 약정서를 작성할 당시 채무자는 미성년자로 법정대리인의 동의를 얻었어야 할 것인데 그런 법정대리인의 동의는 없었습니다.

3. 그 후 채무자는 이 사건 지급명령서를 송달 받은 2000. 00. 00경 만21세에 이르렀고, 위 약정에 대한 취소의 의사표시를 내용증명우편으로 채권자에게 발송하였습니다. 우리 민법 제141조는 취소권의 행사는 추인할 수 있는 날로부터 3년 이내에 행하여야 하는바, 채무자는 위 규정에 따라 위 약정을 취소하는 의사표시를 하였으므로 위 약정은 소급하여 효력이 상실된 것입니다.

4. 따라서 채권자의 이 사건 청구는 마땅히 기각되어야 할 것입니다.

증 거 방 법

을 제1호증 약정서
을 제2호증 내용증명

2000. 00. 00.

위 채 무 자   장 ○ 희   (인)

서울중앙지방법원 귀중

[사례19. 1인의 대표이사 발행 어음금]

답 변 서

사　　건　　2000 차 000000호　　어음금 청구 지급명령

채 권 자　　0000 주식회사　(000000-000000)
　　　　　　서울 00구 00동 000-00, 00빌딩 501호　　　　(우:00000)
　　　　　　대표이사 양○현

채 무 자　　주식회사 0000　(000000-0000000)
　　　　　　서울 00구 00동 000길 0동 00호(00동, 000빌딩)　(우:00000)
　　　　　　공동대표이사　김○수, 박○영
　　　　　　연락처 : 00-0000-0000

위 사건에 관하여 채무자는 아래와 같이 답변합니다.

청구취지에 대한 답변

1. 채권자(원고)의 청구를 기각한다.
2. 소송비용은 채권자(원고)의 부담으로 한다.
　라는 재판을 구합니다.

청구원인에 대한 답변

1. 채권자의 이 사건 청구에서 주장하는 어음금을 위 김○수가 발행한 것은 인정합니다.

2. 하지만 위 채무자 회사는 김○수와 박○영이 공동대표이사를 맡고 있는 공동대표제의 법인으로 이는 채무자 회사의 법인등기부등본이나 회사의 정관에 잘 나타나 있습니다. 그런데 이 사건 어음금은 채무자 회사의 공동대표 2인 중의 한 명인 김0수의 단독명의로 작성, 발행된 것이므로 채무자 회사는 이 사건 어음금을 지급할 책임이 없다고 할 것입니다.

3. 따라서 채권자의 이 사건 청구는 마땅히 기각되어야 할 것입니다.

증 거 방 법

을 제1호증 법인등기부등본
을 제2호증 정관

2000. 00. 00.

위 채 무 자   주식회사 0000
　　　　　　공동대표이사   김○수   (인)
　　　　　　　　　　　　　박○영   (인)

서울남부지방법원   귀중

[사례20. 채무자의 채권양도승낙 및 통지 없음]

답 변 서

사　　건　　2000 차 000000호　　양도금 청구 지급명령

채 권 자　　주식회사 0000　(000000-000000)
　　　　　　서울 00구 00동 000-00, 00빌딩 1501호　　　　　　(우:00000)
　　　　　　대표이사 김○길

채 무 자　　한○기　(000000-0000000)
　　　　　　서울 00구 00동 000길 000,000동 000호(00동, 00빌라)(우:00000)
　　　　　　연락처 : 000-0000-0000

위 사건에 관하여 채무자는 아래와 같이 답변합니다.

청구취지에 대한 답변

1. 채권자(원고)의 청구를 기각한다.
2. 소송비용은 채권자(원고)의 부담으로 한다.
　라는 재판을 구합니다.

청구원인에 대한 답변

1. 채권자는 신청외 00저축은행 주식회사의 채무자에 대한 채무를 2000. 00. 00. 채권양도양수계약을 하였다는 이유로 이 사건 청구를 하였습니다.

2. 하지만 채무자는 위 채권양도양수에 대하여 어떠한 승낙을 하거나 그 통지를 받은 적이 없습니다. 우리 민법 제450조는 지명채권의 양도는 양도인이 채무자에게 통지하거나 채무자가 승낙하지 아니하면 채무자 기타 제3자에게 대항하지 못한다라고 규정하고 있습니다. 때문에 위 채권양도양수계약은 위 요건을 충족하지 못한 것이므로 채무자에게는 그 효력이 미치지 않는다고 할 것입니다.

3. 따라서 채권자의 이 사건 청구는 마땅히 기각되어야 할 것입니다.

증 거 방 법

을 제1호증   사실확인서

2000. 00. 00.

위 채 무 자   한 ○ 기   (인)

서울서부지방법원   귀중

[사례21. 중복제소]

답 변 서

사 건   2000 차 000000호   보증채무금 청구 지급명령

채 권 자   주식회사 0000   (000000-000000)
　　　　　서울 00구 00동 000-00, 00빌딩 701호　　　　　　(우:00000)
　　　　　대표이사 이○영

채 무 자   권○동   (000000-0000000)
　　　　　서울 00구 00동 000길 000,000동 000호(00동, 00빌라)(우:00000)
　　　　　연락처 : 000-0000-0000

위 사건에 관하여 채무자는 아래와 같이 답변합니다.

청구취지에 대한 답변

1. 채권자(원고)의 청구를 각하한다.
2. 소송비용은 채권자(원고)의 부담으로 한다.
　 라는 재판을 구합니다.

청구원인에 대한 답변

1. 채권자가 이 사건 청구에서 주장하는 바와 같이 채무자는 신청외 양○길이

채권자로부터 신용대출금을 받을 당시 채무자가 연대보증을 한 사실은 인정합니다.

2. 하지만 채권자는 지난 2000. 00. 00.경 채무자를 상대로 서울중앙지방법원에 보증채무금 청구 소송을 제기하였고 그 사건은 위 법원 2016가단 0000호 사건으로 재판이 진행되었다가 2000. 00. 00. 원고 패소 판결이 선고되었고, 그 판결은 2000. 00. 00. 항소기간의 도과되어 확정되었던 것입니다. 그럼에도 불구하고 채권자는 똑 같은 사건을 이번에는 지급명령으로 신청하였습니다.

3. 따라서 채권자의 주장은 위 판결의 기판력에 저촉되는 부적법한 것이므로 마땅히 각하되어야 할 것입니다.

증 거 방 법

을 제1호증   위 판결서
을 제2호증   위 판결의 확정/송달증명원

2000. 00. 00.

위 채 무 자   권 ○ 동   (인)

서울북부지방법원   귀중

[사례22. 당사자적격 흠결]

답 변 서

사 건   2000 차 000000호   임대료 청구 지급명령

채 권 자   송○용   (000000-000000)
　　　　　서울 00구 00동 000-00, 00아파트 701호　　　　　(우:00000)

채 무 자   엄○현   (000000-0000000)
　　　　　서울 00구 00동 000길 000,000동 000호(00동, 00연립)(우:00000)
　　　　　연락처 : 000-0000-0000

위 사건에 관하여 채무자는 아래와 같이 답변합니다.

청구취지에 대한 답변

1. 채권자(원고)의 청구를 각하한다.
2. 소송비용은 채권자(원고)의 부담으로 한다.
　라는 재판을 구합니다.

청구원인에 대한 답변

1. 이 사건 건물이 채권자의 소유이고, 차임이 1개월에 금 2백만 원이라는 사실은 채무자가 인정합니다. 그러나 이 사건 건물을 채권자로부터 임차하여 점유, 사용하고 있는 자는 채권자의 주장과 같이 채무자가 아닙니다.

2. 채무자는 주식회사 OOO건설의 대표이사로 회사의 많은 일들을 처리하는 자이기는 하지만 위 건물에 대한 임차를 채무자 개인이 한 것은 아닙니다. 즉, 이 사건 건물을 채권자로부터 임차한 자는 주식회사 OOO건설이지 채무자 개인이 아니란 말입니다. 사실이 이러함에도 뭔가를 잘 못 알고 있는 채권자는 채무자 개인을 상대로 이 사건 청구를 하였습니다.

3. 따라서 채권자의 이 사건 청구는 당사자적격이 흠결된 부적법한 것으로 마땅히 각하되어야 할 것입니다.

증 거 방 법

을 제1호증   임대차계약서
을 제2호증   법인등기부등본

2000. 00. 00.

위 채 무 자   엄 ○ 현   (인)

서울남부지방법원   귀중

[사례23. 표현대리인에 대한 변제]

답 변 서

사　　건　　2000 차 000000호　　물품대금 청구 지급명령

채 권 자　　주식회사 00000　(000000-000000)
　　　　　　서울 00구 00동 000-00, 00빌딩 201호　　　　　　(우:00000)
　　　　　　대표이사 조○원

채 무 자　　박○병　(000000-0000000)
　　　　　　서울 00구 00동 000,00약국　　　　　　　　　　　(우:00000)
　　　　　　연락처 : 000-0000-0000

위 사건에 관하여 채무자는 아래와 같이 답변합니다.

청구취지에 대한 답변

1. 채권자(원고)의 청구를 기각한다.
2. 소송비용은 채권자(원고)의 부담으로 한다.
　라는 재판을 구합니다.

청구원인에 대한 답변

1. 채무자는 이 사건 채권자의 청구원인 사실에 대하여 인정합니다만 아래와 같이 항변합니다.

2. 이 사건 청구 대금은 채무자가 2000. 00. 00.부터 2000. 00. 00.까지 채권자 회사로부터 납품받은 약품에 대한 대금이나, 채무자는 그 대금을 2000. 00. 00. 채권자 회사의 과장인 신청외 양○복에게 지급하였습니다. 즉, 신청외 양○복은 오래전부터 채권자 회사의 직원으로 회사를 대신하여 채무자에게 물품을 납품하였던 자이고, 그 수금을 받아가던 자입니다. 때문에 채무자는 정당한 변제를 하였으므로 채권자의 청구에 응할 수 없는 것입니다.

3. 따라서 채권자의 이 사건 청구는 부적법한 것으로 마땅히 기각되어야 할 것입니다.

증 거 방 법

을 제1호증 외상장부
을 제2호증 영수증

2000. 00. 00.

위 채 무 자   박 ○ 병   (인)

서울서부지방법원 귀중

[부록1] 지급명령에 대한 이의신청서 표지 양식

지급명령에 대한 이의신청서

2000 차 000000호 000 지급명령

채 권 자
채 무 자

서울중앙지방법원 귀중

[부록2] 지급명령에 대한 이의신청서 양식

지급명령에 대한 이의신청서

2000 차 000000호 000 지급명령

채 권 자   ○○○   (000000-000000)
　　　　　　서울 00구 00동 000-00,00아파트 00동 00호   (우:00000)
　　　　　　연락처 : 000-0000-0000

채 무 자   ○○○   (000000-0000000)
　　　　　　서울 00구 00동 000길 000,000동 000호(00동, 0000아파트)
　　　　　　　　　　　　　　　　　　　　　　　　　　　　(우:00000)
　　　　　　연락처 : 000-0000-0000

　위 사건에 관하여 채무자는 2000. 00. 00. 지급명령정본의 송달을 받았으나 그 지급에 응할 하등의 의무가 없으므로 위 지급명령에 대하여 이의신청을 제기합니다.

2000. 00. 00.

채 무 자   ○○○   (인)

서울중앙지방법원 귀중

[부록3] 지급명령에 대한 이의신청의 답변서 표지 양식

답 변 서

2000 차 000000호 000 지급명령

채 권 자
채 무 자

서울중앙지방법원 귀중

[부록4] 지급명령에 대한 이의신청서의 답변서 양식

답 변 서

사 건   2000 차 000000호 000 지급명령

채 권 자   ○○○   (000000-000000)
　　　　　서울 00구 00동 000-00,00아파트 00동 00호   (우:00000)
　　　　　연락처 : 000-0000-0000

채 무 자   ○○○   (000000-0000000)
　　　　　서울 00구 00동 000길 000,000동 000호(00동, 0000아파트)
　　　　　　　　　　　　　　　　　　　　　　　　　　　(우:00000)
　　　　　연락처 : 000-0000-0000

위 사건에 관하여 채무자는 아래와 같이 답변합니다.

청구취지에 대한 답변

1. 채권자(원고)의 청구를 기각한다.
2. 소송비용은 채권자(원고)의 부담으로 한다.
   라는 재판을 구합니다.

청구원인에 대한 답변

1. 채권자의 주장과 같이 채무자는 채권자에게 금00,000,000원의 대여금 채무

가 있었던 것은 인정합니다. 그러나 이 채무는 다음과 같은 방법으로 이미 변제하였습니다.

2. 변제내역

　가. 위 돈 중 금00,000,000원은 2000. 00. 00. 00시경 00시 00구 00동 000번지 소재 000에서 변제하였고,

　나. 위 돈 중 금 0,000,000원은 2000. 00. 00. 채권자의 00은행 00지점 계좌로 계좌로 온라인 송금 하였습니다.

3. 따라서 채권자의 청구는 부당하므로 기각되어 마땅한 것입니다.

증 거 방 법

　을제1호증　영수증
　을제2호증　금융거래자료

2000. 00. 00.

채 무 자　　○ ○ ○　　　(인)

서울중앙지방법원 귀중

저자약력

저자 장 태 동
- 동국대학교 법과대학 법학과
- 7급 검찰사무직 제9기 공채
- 서울중앙지방검찰청 특수부.강력부
  　　　　　　　　　　형사부.조사부
- 대검찰청 중앙수사부
- 대전지방검찰청 강경지청
- 법무부
- 헌법재판소(비서관)
- 2000. 6. 법무사자격 취득

현재) 장태동법무사무사무소 대표
　　　(02-752-2114)

사례중심 SELF **지급명령신청서 · 이의신청서 작성**

저　　자　장 태 동		2020년 11월 30일 초판 인쇄
발 행 인　장 태 동		2020년 12월 10일 초판 발행
발 행 처　도서출판 남산		

서울특별시 중구 세종대로 3-1, 4층(남대문로5가)
전화 : 02)752-2114 / 팩스 : 02)753-2114
신고번호 제2017-000041호
e-mail: tec1712@naver.com

본서의 무단전재나 복제행위를 금합니다.
저작권법 제97조의 5에 의거하여 5년 이하의 징역 또는 5,000만원 이하의 벌금에 처하게 됩니다.

ISBN : 979-11-952947-7-0　　　13000　　　　　　　**정가 25,000원**